東西学術研究所研究叢書第13号
東アジアの思想と芸術の文化交渉研究班

東アジアの思想・芸術と文化交渉

二階堂　善弘　編著

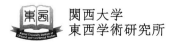

関西大学
東西学術研究所

は じ め に

主幹　二階堂　善　弘

　本書『東アジアの思想・芸術と文化交渉』は、関西大学東西学術研究所の「東アジアの思想と芸術の文化交渉研究班」第一期（2019 年 4 月〜 2022 年 3 月）における研究活動の総括として出版されたものである。

　吾妻重二研究員の「馬鬣封について――儒式墓の一例」は、これまでほとんど注意されてこなかった馬鬣封という墓の形式について、詳細に検討したものである。ほぼ先行研究がないなかで、実際に実例を参照した優れた論考となっている。

　酒井真道研究員の「Bhāviveka, and（Three?）Other Commentators on MMK 19.1 with Some Philological Observations」は、清弁（バーヴィヴェーカ）の『中論』（ムーラマディヤマカ・カーリカー MMK）の時間論を扱う一節について、漢訳、チベット訳などを参照し、英語で精密に論じたものである。

　長谷部剛研究員の「藤澤南岳『新楽府』について」は、泊園文庫所蔵の藤澤南岳『新楽府』に含まれる十首について、詳細な注解を行ったものである。

　陶徳民研究員の「富岡謙蔵研究の現状と展望に関する覚書――内藤文庫所蔵資料の利用価値に触れて――」は、これまで注目されることの少なかった富岡謙蔵の研究について、関西大学内藤文庫の資料を博捜しつつ、詳密にその価値を論ずるもので、今後の研究に大きな影響を及ぼすものと考える。

　中谷伸生研究員の「近世近代絵画史研究を書き換える――大坂と京の画家たちの交流をめぐって――」は、これまでその存在について等閑視

されてきた「大坂画壇」の価値について、改めて岡倉天心以来の偏った見方の大幅な変更を迫るものである。大きな問題を学界に投げかける論であると考える。

　松浦章研究員の「徳川吉宗の中国嗜好と浙江総督李衛の探索」は、徳川吉宗がいかに熱心に中国の文物を取りいれたかについて、詳細に事例を分析したものである。その影響は、長崎の唐寺をはじめとする黄檗宗、関係する中国の商人、対する中国の官僚にまで及んだ。詳細な事例を挙げつつ分析するその手法は、他に類を見ない。

　第一期の主幹であった二階堂善弘は、「大連金州道観の五大仙」では、いままで研究が少なかった旧満洲の五大仙信仰について、大連の道観の例を挙げて論じたものである。

　いずれも、大きく東アジア研究に裨益するものであり、今後、さらなる影響を学界に与えるものと予想される。この時期の主幹を担当した身として、本書の出版を心からお喜びしたい。

東アジアの思想・芸術と文化交渉

目 次

馬鬣封について
── 儒式墓の一例

　　　　　　　　　　　　　　吾　妻　重　二

はじめに

　儒教式の墓に馬鬣封という墳形がある。これは『礼記』檀弓篇に孔子の考えた墓のつくりとして伝えられるものだが、これまでの墓制研究ではなぜかほとんど論じられていない。たとえば中国古代の葬礼について詳しい解説をほどこした西岡弘氏や池田末利氏の研究[1]は『儀礼』にもとづく式次第を中心に説明しているためであろう、『礼記』の当該条についてはまったく触れるところがない。中国にあっても、礼制研究が不振であったためか、馬鬣封という墓制について論じた研究は特に見あたらないようである。

　こうしたことは、馬鬣封というつくりが中国の墓制史の中で注意されてこなかったことを示している。ところが興味深いのは、日本の江戸時代にこの馬鬣封形式の墓が少なからず造られていたという事実である。これは、儒教式とはいいながら、日本では中国とは違う墓形が存在していたことを示すもので、きわめて興味深い。日本における馬鬣封の墓は

1）西岡弘『中国古代の葬礼と文学』（改訂版、汲古書院、2002 年）、池田末利訳注『儀礼』Ⅳ（東海大学出版社、1976 年）。『儀礼』において埋葬の記述は既夕礼篇にあるが池田氏の詳細な訳注の中にこの墓制は言及されていない。なお 2022 年 8 月現在、「馬鬣封」と検索しても Cinii では一篇も見出すことができず、日本の国会図書館検索（NDL ONLINE）でも出てこない。中国の CNKI においても、文学的研究はいくらかあるものの、墓制としての研究は見あたらない。

1

儒教史の展開の上で特異な意味をもつとともに、日本墓制史の事例としても応分の注意が払われるべきだと思われるのである。

　筆者はかつて水戸徳川家の葬礼を論じた際に馬鬣封の問題に触れたことがあるが[2]、その時は紙幅の関係もあって簡単な説明にとどまっていたので、ここにもう少し詳しく論じることとしたい。あわせて朝鮮の事例についても取り上げて考えてみたい。

1　馬鬣封の原義

　馬鬣封なる墓は、もともと『礼記』檀弓篇上に次のように見える。まずはその原義を確認しておこう。

　　孔子之喪、有自燕來觀者、舍於子夏氏。子夏曰、聖人之葬人與、人之葬聖人也。子何觀焉。昔者夫子言之曰、吾見封之若堂者矣、見若坊者矣、見若覆夏屋者矣、見若斧者矣。吾[3]從若斧者焉。馬鬣封之謂也。今一日而三斬板而已封。尚行夫子之志乎哉。
　　（孔子の喪に、燕より来たりて観る者有り、子夏氏に舍る。子夏曰く、「聖人の人を葬るか、人の聖人を葬るなり。子何ぞ観ん。昔者、夫子之を言いて曰く、『吾れ之を封ずるの堂の若くする者を見る、坊の若くする者を見る、夏屋を覆うが若くする者を見る、斧の若くする者を見る。吾れ斧の若くする者に従わん』と。馬鬣封の謂なり。今、一日にして三たび板を斬りて封を已む。尚わくは夫子の志を行わんかな」と。）

　2）吾妻重二「水戸徳川家と儒教儀礼 —— 葬礼をめぐって」（『東洋の思想と宗教』第25号、早稲田大学、2008年）。
　3）王引之『経義述聞』の「従若斧者焉」条（「皇清経解」巻1193）によれば、原文は「吾」の字を欠くが、文脈および『初学記』、『白孔六帖』、『孔子家語』公西赤問篇の引用により補うべきだという。いまこれに従う。その方が原義がはっきりするからである。

　これによれば、孔子が亡くなった時、北方の燕国からわざわざ葬儀の様子を観に来た者がおり、孔子の門人子夏の家に泊まったという。子夏は「聖人（孔子）が人を葬るわけではなく、常人が聖人を葬るのだから、何もわざわざご覧になる必要もありますまい」と前置きしたうえで、かつて孔子から聞いていたという言葉を告げる。孔子は、「私は墓の封土（墳土）を堂の屋根のごとく高くしている[4]のも見たし、堤防のごとく上が平らで長くなっている[5]のも見たし、夏王朝時代の茅ぶき屋根のように広くて高さが低いもの（いわゆる切妻型[6]）も見たし、斧の形のようになっているのも見た。私は、斧の形のようにしたいものだ」と語ったという。子夏によれば、それはいわば「馬鬣」の封土の形であった。造り方は一日のうちに三度、版築を重ねて封土を作ることで済む。そして子夏は、できればそのような孔子自身の願いどおり簡素な墓にしたいものだと述べた、というのである。

　ここで馬鬣封につき鄭玄注によって補足すると、「封」とは版築、すなわち土を築き固めて高くすること（「封、築土為壟」）である。墳土を斧のようにするのは、刃を上にする形であれば上に登りにくく（人の足で踏みにじられない）、また幅が狭いのでたやすく造れることによる（「刃上難登、狭又易為功」）。また馬鬣封というのは俗称であって（「俗間名」）、「斧の形」というだけでは燕人にはわかりにくいため、子夏はこの名で説明したとされる。

　このほか、版築用の型枠の板は幅が二尺、長さが六尺であり、「斬板」（板を斬る）とは、一回目の版築が済むと板を立てるのに縛っていた縄を切ることをいい、それを三度まで繰り返す（「板、蓋廣二尺、長六尺、斬

板、謂斷其縮也[7]。三斷止之」)。また両側を殺ぐ形になる墳土は、高さは四尺のはずだが、幅はわからないという（旁殺、蓋高四尺、其廣衺未聞也）。墳土の縦の長さは版築の板の長さからすると六尺になるかと推測されるが、これも詳細は不明である。

　なお孔穎達疏によれば、幅二尺の板で版築するのを三度繰り返すのだから高さは六尺になるはずだが、四尺になっているのは板を斜めに立てるからで、それは防山にあった孔子の父母の合葬墓の墳土が高さ四尺だったのを越えないよう配慮したためだという（「板廣二尺、三板斜殺、唯高四尺耳」、「知蓋高四尺者、以上合葬於防崇四尺、今葬夫子不可過之」）。檀弓篇の他の章によれば、孔子は曲阜近くの防山にあった父の墓に母を合葬した際、墳土の高さを四尺にしたと伝えられている[8]。

　考証がやや煩瑣になったが、つまるところ「馬鬣封」とは馬の背の鬣（たてがみ）部分ように上が狭まり下が広い形をいう。それは刃を上に向けた斧の形にも似ており、三度版築することによって固められ、一日で完成する簡素な墳土である。高さは孔子の父母の合葬墓と同じ四尺。また、上部を狭めたこの形なら人の足で踏みにじられることもない。そして子夏は、孔子の墓をそのような形式で作りたいと語ったというのである。

　以上が「馬鬣封」に関する原義の考察であるが、この檀弓篇の話が史実であったか、あるいは後世の創作であったか今は問わない。何よりも儒教経典『礼記』に孔子の語として載っていることが重要で、興味深いことに、日本ではこの記述に沿いつつ独自に考案がなされ、馬鬣封形式の墓が造営されたのである。これは中国の実際の墓の様式とは異なるところがあるのだが、ともあれ以下、日本における馬鬣封形式の事例を示してみよう。

---

　7)「縮」について、孔穎達疏は「縮為約板之繩」（縮は、板をぎゅっと縛る繩のこと）といっている。

　8) 孔子の父母の合葬墓について、『礼記』檀弓篇上に「孔子既得合葬於防。曰、吾聞之、古也墓而不墳。今丘也、東西南北之人也、不可以弗識也。於是封之、崇四尺」という。

2 日本の事例——その一 文献上の事例

2-1 文献上の記述

　日本において馬鬣封という儒式墓が明確に登場するのは江戸時代になってからのようで、これは当時における儒教の普及を反映している。

　そもそも馬鬣封は従来の日本墓制研究にあってもほとんど注意されてこなかったようで、これまでの日本墓制史においてこの墓型に触れた例を見出すのは困難である[9]。特に『国史大事典』全14巻（吉川弘文館）に、見出し・本文ともにこの語がまったく登場しないのは象徴的で[10]、『古事類苑』礼式部・冢墓の項にも見あたらないようである。これは日本墓制の研究において儒教というファクターが無視されてきた結果なのであろうが、近年に至って、筆者のほか、他の研究者によってその事例がようやくいくらか言及されるようになった。

　まず、馬鬣封について図入りで考証した例が注意される。林鵞峰『泣血余滴』と水戸藩の『喪祭儀略』がそれである。

　『泣血余滴』は江戸初期の明暦三年（1656）三月、林羅山の子の林鵞峰（1618-1680）が母の荒川亀（すなわち羅山の妻）の葬儀を儒礼によってとり行なった記録で、万治二年（1659）に出版された。ここで鵞峰は儒者としての強い自覚にもとづき、儒教式の墳墓を造ろうして『礼記』の記述にたどりつく。『泣血余滴』巻下に、埋葬後十日して墳土を造った

9）たとえば芳賀登『葬儀の歴史』（増訂版、雄山閣出版、1996年）、勝田至『日本葬制史』（吉川弘文館、2012年）、新谷尚紀『日本人の葬儀』（角川ソフィア文庫、2021年）、新谷尚紀・関沢まゆみ編『民俗小事典　死と葬送』（吉川弘文館、2005年）など、この分野に関する代表的な著作や事典に馬鬣封の記述はまったく見あたらず、重要な関連研究を集めた大部な論集『葬送墓制研究集成』全五巻（名著出版、1979年）でも馬鬣封について触れるところはないようである。

10）ジャパンナレッジのオンライン検索による。

として次のようにいう[11]。

> 經旬而成墳、崇四尺、隨防墓之例而用周尺。形如臥斧、前高後下、旁殺、刃上而長、上狹而難登、所謂馬鬣封是也。據檀弓而參攷鄭玄・孫毓說〔詳見檀弓註疏〕。其豎横之寸尺未聞古法、故據其崇、隨宜恰好似棺幷灰隔而稍廣。
> （旬を経て墳を成す、崇（たか）さ四尺、防墓の例に随い、而して周尺を用う。形は臥（ふ）したる斧の如く、前は高く後は下（くだ）れり。旁ら殺（そ）ぎ、刃上にして長くし、上狹くして登り難し。所謂る馬鬣封（ばりょうほう）是れなり。檀弓に拠りて鄭玄・孫毓の説を参攷す〔詳しくは檀弓註疏に見ゆ〕。其の豎横の寸尺は未だ古法を聞かず、故に其の崇さに拠り、宜しきに随い恰好（あたか）も棺幷びに灰隔（ごと）の似（に）くにして稍や広くす。）

　ここでは自注に「詳しくは檀弓註疏に見ゆ」というように、前述の『礼記』檀弓篇上とその注疏に従ったことが明示されている。墳土の高さが四尺であること、それは防山にある孔子の父母の合葬墓（防墓）に従うものであること、形が臥斧のごとくであること、上が狹くて登りにくしてあること、いわゆる「馬鬣封」形式であることなどが、そのことを物語っている。

　『泣血余滴』の内容は大半が朱熹『家礼』にもとづくものなのだが、墳墓の形だけは、より古い『礼記』の馬鬣封形式を採ったことになる。

　ただし、「其の豎横の寸尺は未だ古法を聞かず」というように、馬鬣封の墳土の縦横の寸法は伝えられていないため、新たに考慮を加え、地中の棺や灰隔（石灰で周囲を固めた墓穴）の大きさに合わせつつ、幅をやや広くしたという。

　同書巻下に載せる「墳墓図」にはその寸法が周囲に記載されている（図

11）吾妻重二編著『家礼文献集成　日本篇』1（関西大学出版部、2010年）20頁。

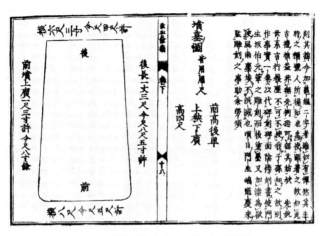

図1　林鵞峰『泣血余滴』巻下　墳墓図

1）。見出しの下に「上狭下廣」「高四尺」というのが前に見た『礼記』檀弓篇および注疏の踏襲であることはいうまでもないが、さらに鵞峰自身の検討により、墳土の寸法を定めているのである。いま、図の周囲に書き入れられた説明をわかりやすく示せば次のようになる。ここにいう「尺」は図内に「皆用周尺」とあるように周尺のことで、鵞峰の計算に従えば19.3センチ、「今尺」は日本の曲尺で30.3センチである[12]。

　　『泣血余滴』における馬鬣封墳土の寸法

　　　　　　　　　　　　　（尺はいわゆる周尺、今尺は日本の曲尺）

　　　高　　　さ：四尺　77.2センチ

　　　前部の底辺：八尺（今尺で五尺程度）　154センチ

　　　後部の底辺：六尺三寸（今尺で四尺程度）　121センチ

---

12) 尺に関する鵞峰の計算については、吾妻重二「日本における『家礼』式儒墓について──東アジア文化交渉の視点から（一）」（『関西大学東西学術研究所紀要』第53輯、2020二年）20頁を参照。鵞峰が計算した周尺は、実は宋代でいう周尺23.1センチよりもかなり短い。

前部の最上部の幅：一尺三寸程度（今尺で八寸余）　25センチ

前後の長さ：一丈三尺（今尺で八尺五寸程度）　250センチ

　これによると、「前高後卑」と記されるとおり前部が高く後部が卑いの
が第一の特徴であり、また前部が広いのに対して後部がややすぼまって
いるのが第二の特徴、さらに高さが底辺の半分程度しかないため、なだ
らかな台形のような形をしているのが第三の特徴である。

　この形をもっとはっきりと図示しているのが徳川光圀による『喪祭儀
略』であって、関西大学総合図書館・中村幸彦文庫の写本によって示せ
ば次のとおりである（図2[13]）。この『喪祭儀略』は寛文六年（1666）、
すなわち鷲峰による『泣血余滴』出版の七年後に水戸藩士に頒布された
もので、その書入れがほぼ同文であることからもわかるように、『泣血余
滴』からの影響が顕著である。このほか、図のあとの書入れには、

図2　徳川光圀ら『喪祭儀略』　墳墓図
（関西大学総合図書館・中村幸彦文庫）

13）吾妻重二編著『家礼文献集成　日本篇』3（関西大学出版部、2015年）193頁。

墳ハ前高ニシテ後ヒキク、上狹クシテ下廣シ

とあって、前部が高く、後部を低くすることが和文で明示されている[14]。

　こうした、前部が高く後部が卑いという第一の特徴、前部が広いのに対して後部がややすぼまっているという第二の特徴は、いずれも『礼記』檀弓篇本文および注疏には明記されていなかったことで、おそらく馬の鬣部（首部）の形状をイメージして新たに考案されたものと思われる。

　ただし、第三の特徴である低い台形のような墳土だけは原義とは違っていて、馬の鬣部の形のようではない。なぜそのようになったのかは不明だが、ともあれこれは、後述するような徳川光圀をはじめとする水戸藩徳川家の墳墓に至って、より馬の鬣部に近い形へと改められることになる。

2-2　馬鬣封の事例

　次に、このような馬鬣封形式によって造られた墳土の事例について述べたい。

　まず文献上の記録をとり上げてみる。荒川亀の場合についてはすでに見たとおりだが、林羅山の墓の墳土ももとは馬鬣封であった。そのことは羅山年譜に、

　　築墳墓、神主之製用伊川之式。墳墓象馬鬣封[15]。
　　（墳墓を築き、神主の製は伊川の式を用う。墳墓は馬鬣封に象る。）

とあり、羅山の死後、卒哭すなわち死後百日目まで鵞峰が綴った日記『後

14）写本で伝わった『喪祭儀略』には異本が多いが、馬鬣封の墳墓図とその書入れはほぼ『泣血余滴』に等しい。前注、吾妻重二編著『家礼文献集成　日本篇』3の181頁、203頁、224頁、241頁参照。
15）『林羅山集』付録巻二「年譜下」明暦三年丁酉・正月二十九日（『林羅山詩集』下巻、ぺりかん社覆刻、1979年、34頁）。

喪日録』にも、

> 使清隆・重時築墳墓、高四尺〔用周尺〕、形如臥斧、所謂馬鬣封也
> 〔其制法見泣血餘滴[16]〕。
> （清隆・重時をして墳墓を築かしむ。高さは四尺〔周尺を用う〕、形
> は臥斧の如し。所謂る馬鬣封なり〔其の制法は泣血余滴に見ゆ〕。）

と見える。清隆・重時とは『後喪日録』冒頭によれば岸田清隆および細
谷重時のことで、林家の家臣であったらしい。
　また、鵞峰の弟で羅山第四子の林読耕斎（1624-1661）の墳土も馬鬣封
であり、そのことは鵞峰「天倫哀事」（『鵞峰林学士文集』巻七十五）に、

> 築墳墓、崇四尺、其形如斧、所謂馬鬣封也。經日而成〔祐晴・重晴
> 手自築成〕。
> （墳墓を築く。崇さ四尺、其の形は斧の如し、所謂る馬鬣封なり。日
> を経て成る〔祐晴・重晴、手自ら築成す〕。）

と見える。このように、馬鬣封は一日程度で版築して造られていて『礼
記』の所説に沿ったものになっており、これ以後、長く林家の墓制とな
った[17]。鵞峰の子で夭逝した亥児もこの形式で造られた[18]。ただし現在、東

16）林鵞峰『後喪日録』（国立公文書館内閣文庫蔵、鵞峰自筆、写本）上、8葉表。
17）林述斎『封禅書』（東京都立中央図書館・河田文庫蔵、佐藤一斎写本）の墓制に「牛
　籠旧制の鬣封ハ毎冬凍冱に崩れ、年久く経しハ其形を存せず。時俗ハ碑下に棺を瘞る事
　とのミ思ふま、、鬣封の壊廢したる所を敬する事をしらずして、下人等賤過る弊あり
　き」といっている。ここで述斎は、「牛籠」すなわち牛込の林氏墓地における馬鬣封は、
　冬になるたびに凍って崩れ、時間が経つと土盛りがなくなってしまう。ところが人々は
　習慣上、墓碑の下に棺が埋まっていると思い込んでいるため、崩れた馬鬣封の場所を敬
　うことを知らず、みやみにその上を踏み歩いてしまう、と嘆いている。これにより「旧
　制」すなわち羅山ら林家の墳土が馬鬣封であったことが知られる。ただしこの制はその
　後、林述斎（1768-1841）に至って改められる。吾妻重二「林氏墓地と林述斎・佐藤一
　斎の墓制」（『関西大学文学論集』第72巻第1・2合併号、2022年）参照。
18）林鵞峰「記亥児事」（『鵞峰先生林学士文集』巻七十五）に「大小雖異、倣若斧之制、

10

図3　伊藤仁斎墓（京都市右京区二尊院）

　京都新宿区牛込に「林氏墓地」として保護されている林家代々の墓は、移転や改葬、整理を経て地面が平らにならされ、残念ながら馬鬣封の墳土をもつ墓は一つもない。

　伊藤仁斎・東涯たちも馬鬣封の墳墓を造っていた。仁斎ら伊藤家の墓所は京都右京区嵯峨小倉山の二尊院内にある[19]。仁斎（1627-1705）の墓は宝永三年（1706）、仁斎死去の翌年に子の東涯によって造られた。

　墓碑の後ろには墳土の跡が残っており、土葬であることを伝えている（図3）。現在、墳土はごくわずかな盛り土しかないが、当初はもっと高く盛られていたようで、東涯撰「先府君古学先生行状」（『古学先生文集』巻首）には仁斎の墓につき、

　　葬于小倉山二尊院先塋之側、墳高四尺、以擬馬鬣云。
　　（小倉山二尊院先塋の側に葬る。墳の高さは四尺にして、以て馬鬣に

所謂馬鬣封也」という。ただしこの亥児の墓は現在の林氏墓地には存在しない。
19）伊藤家墓所については、吾妻重二「日本における『家礼』式儒墓について──東アジア文化交渉の視点から（三）」（『関西大学東西学術研究所紀要』第55輯、2022年）参照。図3は2022年1月24日、筆者撮影。

擬すと云う。）

と述べ、馬鬣封形式で、高さも四尺あったという。江戸中期の儒者小栗常山（1763-1784）の『常山遺稿』巻上に収める五言古詩「謁古学伊藤先生墓」には「嵯峨青山裏、儼然馬鬣封」（嵯峨青山の裏、儼然たり馬鬣封）とあるので、江戸時代中頃には、仁斎の墓にはまだ馬鬣封の盛り土がはっきり残っていたらしい。

　また、東涯（1670-1736）の墓のつくりは仁斎とほぼ同じであり、当初は仁斎の墓と同様、馬鬣封式に土盛りされていたと思われる。

　荻生徂徠（1666-1728）もまた馬鬣封の墓を営んだ一人である。正徳五年（1715）九月、徂徠は後妻の佐姫（佐々氏）の葬儀をとり行ない、江戸・三田の長松寺内にある徂徠の父、方庵の墓の側に埋葬した。戦前にその墓を調査した岩橋遵成氏によれば、墓は馬鬣封の形式になっていたという[20]。現在、長松寺にある徂徠墓の解説版（図4）にも「ご令室のお墓」のところに「馬のタテガミ」と記されているが、ただし現在は墓

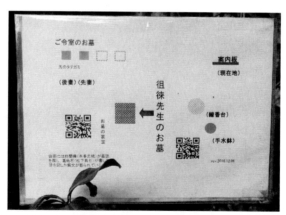

図4　荻生徂徠墓　解説版（東京都港区三田長松寺）

20）岩橋遵成『徂徠研究』（関書院、1934年）146頁。

石などが整理され、残念ながらその墳土は残っていない[21]。

　俳人向井去来（1651-1704）の墓も馬鬣封であった。去来は儒医向井元升（1609-1677）の次男で、元升は長崎時代に孔子を祀る聖堂を建てて初代祭酒となるなど儒教を信奉し、また元升の墓碑銘は貝原益軒が撰しており、向井家は儒学と深い縁で結ばれていた[22]。去来の墓が馬鬣封となったのはそうした家学に由来するに違いない。これについては、去来一周忌の際に書かれた馬才人（渡辺吾仲）の「落柿先生墓誌」に、

　　落柿先生の遺骸は洛東の真如堂に葬れり。その形は馬鬣封にして、碑石に「向井元淵之墓」とあり。葬埋の式は儒家の礼に類せるものなるべし[23]。

と記録されるとおりで、儒式の馬鬣封の形をとっていたという。「元淵」は去来の字である。去来の墓はもともとこの京都洛東の真如堂（京都市左京区浄土町真如町、真正極楽寺）の向井家墓地に、父元升の墓と並んで造られたのだが、ただ去来の墓碑はその後、馬鬣封の墳土もろとも失われて、現在は見ることができない。

　現在、京都落柿舎の裏手にも去来の墓があり、60センチほどの自然石が置かれているが、こちらは後世のもので、明治か大正初期に新たに造られたものらしく[24]、もちろん馬鬣封などの墳土はない。

　これに関連して、去来の弟の向井元成（1656-1727）の墓も馬鬣封形式だったと伝えられる。元成は長崎奉行の招きによって長崎聖堂の祭酒となり、書物改役もつとめた儒者で、その墓は長崎市寺町の晧臺寺にあ

21）筆者が長松寺を訪問し撮影したのは2017年7月28日である。
22）渡邊庫輔「去來とその一族」（『向井去來』所収、去來顕彰会、1954年）、若木太一「京都向井家墓碑考―文人向井元升の家系―」（『長崎大学教養部紀要』（人文科学篇）第33巻第2号、1993年）。
23）『誰身の秋』所収。大内初夫ら編『去来先生全集』（落柿舎保存会、1982年）554頁。
24）寺田貞次「去来墓の所在地に就て」（『史林』第16巻第2号、1931年）。

り、平成十一年（1999）に長崎市教育委員会が傍らに建てた説明版に「元成の墓碑は儒式馬鬣封」といっているのである。つまり、向井家の去来・元成兄弟の墓はともに馬鬣封式ということになる。

　この晧臺寺の向井家墓地は現在、長崎市の市指定史跡となっていて人目を引くが、しかし、この説明はいただけない。「ばひんふう」という読みが誤っており（おそらく鬣を鬢と誤読したのであろう）、また馬鬣封は墳土の形式なのに墓碑の形式と見なしているからで[25]、訂正されなければならない。また墳土についていえば、筆者が晧臺寺を訪ねたのは平成十八年（2006）二月であったが、元成の墓に墳土は残っていないので注意が必要である。

　このほか江戸幕府の儒官だった人々を埋葬した、いわゆる大塚先儒墓所にも馬鬣封の例がある。

　そもそも大塚先儒墓所の地は、林羅山門人で徳川光圀に仕えた人見卜幽（1599-1670）の私邸であり、卜幽がここに葬られたことに端を発するのだが[26]、その墓は馬鬣封式だったようである。そのことは卜幽の死後一か月後に林鵞峰が作った「卜幽叟挽詞并引」（『鵞峰先生林学士文集』巻八十）に、

　　　事實以叙小石碑、一抔新築馬鬣塋、靈魂遠遊無歸期、香煙風揚向蓬瀛
　　　（事実以て叙す小石碑、一抔新たに築く馬鬣塋、霊魂遠遊して帰る期
　　　　無し、香煙風揚蓬瀛に向かう。）

とあることによって知られる。「一抔新たに築く馬鬣塋」というその「一

---

25) 長崎市のウェブサイト「晧臺寺の向井家墓地」（https://www.city.nagasaki.lg.jp/shimin/190001/192001/p000587.html, 2022年8月6日閲覧）の説明も、遺憾ながらこの説明を踏襲している。
26) 『文京区史』（文京区役所、1968年）巻二、479頁以下。

抔」は、ひと抔いということ、転じて墓の土の意である。このように卜
幽の死後まもなく鵞峰によって馬鬣封の墳土が造られたわけだが、ただ
しその後、人見家の墓は他に移転したため、現在、大塚先儒墓所に卜幽
の墓は見られない。

　木下順庵（1621-1699）の墓ももともと馬鬣封式だったらしい。その
姪の木下悶堅（栗園）による「恭靖先生挽詞十首」（『錦里先生文集』巻
十九、附録）に、

　　初開吉地牛眠處、新築孤墳馬鬣封
　　（初めて開く吉地牛眠の処、新たに築く孤墳馬鬣封）

の句があるからである。順庵の墓はもともと武蔵国荏原郡堤方村（現在
の東京都大田区堤方）の私邸内にあり[27]、この詩はそこに初めて墓地を造
った時のものである。「牛眠の処」とは葬地のことで、晋の陶侃が、牛の
眠っている場所に墓を造ったという故事にもとづく。順庵の墓はのち、
大正三年（1914）にここ大塚先儒墓所に移されたのだが[28]、現在あるの
は墓碑のみで当初の馬鬣封の墳土は存在しない。

　このほか同墓所において注意されるのは古賀精里（1750-1817）の墓
で、文化十四年（1817）死去、葬儀は精里三男の侗庵によってとり行な
われた。その様子を記録した『喪祭私記』に馬鬣封の図がある[29]（図5）。
その説明に、

　　壙の中程ニ盛土を高く積重ね、馬鬣封にして前に墓表を立、執事之

27）武田信賢「木下順庵墳墓の所在幷傳」（『太陽』第3巻第19号、1897年）。
28）『大塚先儒墓所保存会報告書』（大塚先儒墓所保存会、1917年）10頁、注26『文京区
　史』巻二、480頁。
29）『喪祭私記』およびあとに引用する『侗葬先生御葬儀略記』は東京大学史料編纂所蔵。
　『精里先生御葬儀』『栗山先生葬儀』とともに、『古賀精里・古賀侗庵葬儀幷大塚墓地記
　録』に合冊されている。いずれも写本。

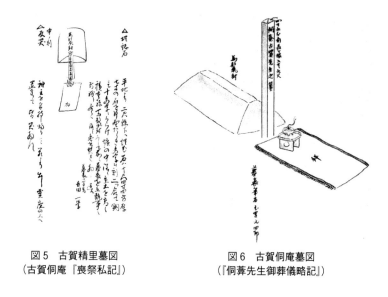

図5 古賀精里墓図
（古賀侗庵『喪祭私記』）

図6 古賀侗庵墓図
（『侗葬先生御葬儀略記』）

者残り居て、銘々香を焚き拝し返ル（『喪祭私記』）。

とあるとおりで、「故江戸掌教官賜布狩衣精里府君之墓」と記された仮の
墓表の後ろに馬鬣封の墳土が描かれている。文化十八年（1828）に墓参
した草場佩川には「謁精里先生墓」の詩があり、「悉地院東過野橋、先生
宅俀問婦樵、到来空堕双行涙、馬鬣封前石一標」とうたわれている[30]。
　古賀侗庵（1788-1847）の墓も馬鬣封であった。その葬儀は弘化四年
（1747）、侗庵の子茶渓によって行なわれ、その記録『侗葬先生御葬儀略
記』にやはり馬鬣封の図が載せられている（図6）。その説明に、

　　土を高く筑重ね馬鬣封を造り、前に墓表を立て執事の者残り居て、
　　銘々香を焚き拝し帰る。

30）堀川貴司「慶應義塾所在近世文人書簡筆跡類総覧（三）：三田メディアセンター貴重
　　書室（その二）」（『斯道文庫論集』第51号、2016）76頁。

という[31]。図に見るように「侗庵古賀先生之墓」と記された墓表の後ろに墳土が高く盛り上がり、林鵞峰『泣血余滴』や水戸藩『喪祭儀略』よりも鬣部に近い形になっており、あとにいう水戸藩主の馬鬣封に近いのが注意される。ただし、このように高く突き固めれられた墳土であったが、これまた現在は残っておらず、平らな地面になってしまっている。

2-3 大名墓の場合

以上はいずれも儒者の例だが、大名の墓所についても馬鬣封の記録がある。たとえば会津藩の保科正頼（1640-1657）の墓がそうで、正頼は初代藩主保科正之（1611-1673）の次男で世嗣であったが十八歳で早逝、正之はこれを会津の院内山に葬った。のち寛文十一年（1671）、その墓が堅牢でないことから馬鬣封形式に改修されたのであって、そのことは会津藩の『家世実紀』巻三十八の寛文十一年八月の条に、

> 長州様御墓ハ土岐重元差図之由ニ而、墳形鞍箱形ニ石を畳候、人皆御鞍箱と申候、長壱丈五尺五寸高七尺五寸前之地本七尺八寸、大石弐拾洞石拾五ニ而畳候、馬鬣封と申墳形ニ候哉、上方ニ而も不見事ニ候[32]

と記されるとおりである。ここにいう「長州様」が正頼であり、墳形の馬鬣封は石を積み重ねた「鞍箱形」で、長さが「壱丈五尺五寸」、高さが「七尺五寸」、「前之地本」（前部の下地の幅か）が「七尺八寸」というから相当大きなもので、上方にも見られない規模のものだったという。こ

31）古賀精里、侗庵の葬儀については、注26『文京区史』巻二、484頁以下におおまかな説明がある。

32）『家世実紀』巻三十八〔『会津藩家世実紀』第二巻、吉川弘文館〕560頁。なお保科正頼の墓に関しては北脇義友「水戸藩主徳川光圀による儒葬墓とその影響」（『石造文化財』第12号）30頁に指摘がある。

の改修を勧めたのは家老で儒者の友松氏興と、当時正之に仕えていた山崎闇斎であった[33]。いま、会津若松市東山町石山字院内の松平家院内御廟の「西の御庭」にある正頼の墓は、写真を見る限り馬鬣封はもはや存在しないようだが、石製であった点は、あとに述べる九州岡藩の墓制と同じであり、相互に影響を与え合った可能性がある。

　ちなみに、会津藩主の葬儀は正之以来、神道を中心としたうえで儒教、特に『家礼』を取り入れていることはすでに指摘がある[34]。これに対して正之以前の葬儀は儒教的色彩がいっそう濃厚で、上記の正頼の場合がそうだが、寛文十一年（1671）に死去した正之七男の正純の場合は、山崎闇斎によって「依朱子家禮藏之」（朱子家礼に依りて之を蔵す）と、『家礼』によって埋葬されたことがはっきり記されている[35]。会津藩の場合、もともと儒式であったものが、寛文十三年（1673）の正之の葬儀に至って神式を基調としつつ儒式を兼用するようになったのであろう。

　このほか高松藩松平家の例もある。高松藩主松平家歴代の墓所は高松市仏生山町の法然寺内にあるが、第二代松平頼常（1652-1704）と第九代松平頼恕（1798-1842）の墓のみ、そこから14キロほど東に離れた、霊芝寺日内山（さぬき市）の墓所内に儒式で営まれた。これはこの二人

---

33) 山崎闇斎は保科正頼の墓表文「源四位正頼墓表陰」（『続垂加文集』巻下、『山崎闇斎全集』第二巻〔ぺりかん社、1978年〕351頁）を撰しており、その墓の改修に関して「茲歳辛亥之冬……因見正頼之墓之不堅牢而憂之、欲脩之、或以為不可。氏興同僚柳瀬正真恐其事不襄而謀諸我。吾乃言曰、記所謂"古不脩墓"者、封築之固不待脩之謂也。程子論之詳矣。今何為而不可哉。遂脩之」といっている。「茲歳辛亥」は寛文十一年、「氏興」は友松氏興、「記」は『礼記』檀弓篇上で、そこに孔子の語として「古不脩墓」（古えは墓を脩めず）と見える。「程子」云々は『河南程氏遺書』巻十八・第一四九条に見える。それによれば「古えは墓を脩めず」とは、墓を修復しないの意ではなく、あとで修復する必要のないほど最初から堅固に造るの意であるとする。こうして闇斎らは石造りの頑丈な墳墓を造ったことになる。

34) 国学院大学日本文化研究所編『神葬祭資料集成』（ぺりかん社、1995年）所収の「保科正之葬儀記録」翻刻、および同書解説三五頁以下。

35) 山崎闇斎の墓表文「源五位正純墓表陰」（『続垂加文集』巻下、注33『山崎闇斎全集』第二巻、353頁）に、「（寛文十一年）中秋六日、葬于会津東院内山矣。氏興主其事、依朱子家禮藏之」という。なお、続いて「正純之傅・浅岡氏・岩崎氏及至卯童小臣、皆泣血親築而封之矣」（親ら築きて之を封ず）と記されるので、正純の墓ももともと馬鬣封だった可能性がある。

18

が水戸藩出身で、同藩の墓制の影響を受けたからである[36]。

　頼常と頼恕の墳土は現在、低い盛り土しかなく、しかも円墳になっているが、もとは馬鬣封形式で高く盛られていたことが明らかになっており、水戸藩第二代藩主徳川光圀らの墓と共通している。

　次に示すのは弘化三年（1846）に描かれた平面図「日内山之図」で、左右に並んで造られた頼常と頼恕の墓の奥にある墳土を、いずれも寄棟屋根形で表現している（図7[37]）。現在これらの墳土は円形だが、これを寄棟屋根形に誤って描くことは考えられないというのが『高松藩主松平家墓所調査報告書』の説であり、おそらくそれに相違ないであろう[38]。

　以上、気がついた限りで、文献上馬鬣封として記される事例を挙げた。いずれも『礼記』にもとづく所作であるが、ただし、その後の改葬や風化により、ほとんどは墳土が失われてしまって当初の形がわからなくな

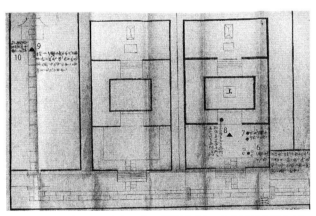

図7　松平頼常・松平頼恕の墓　平面図（さぬき市霊芝寺日内山）

36）注19、吾妻「日本における『家礼』式儒墓について──東アジア文化交渉の視点から（三）」参照。

37）香川県立ミュージアム編『高松藩主松平家墓所調査報告書』（香川県立ミュージアム、2015年）118頁。

38）前注『高松藩主松平家墓所調査報告書』、73頁。ただし同書でこれを「妻入り屋根形」といっているが、正確には寄棟屋根形とすべきである。

っているのは残念である。かりに墳土があってもごく低い盛り土にすぎ
なかったり（伊藤仁斎・東涯）、または円墳に変わってしまっていること
もある（高松藩松平家）。

3　日本の事例 ── その二　現在に残る事例

3-1　水戸徳川家の場合

では、馬鬣封の墳土の形を現在に伝える事例について見てみよう。ま
ず何といっても水戸徳川家の瑞龍山墓所が重要である。

寛文元年（1661）、徳川光圀（1628-1701）は水戸藩初代藩主の父頼房
を常陸太田の瑞龍山に埋葬し、これ以後、水戸藩徳川家代々の墓が瑞龍
山に営まれる。そして『瑞龍山碑文集』に「墓制皆螭首龜趺、馬鬣封を
用い、石を疊んで築く[39]」というように、藩主の墓碑はいわゆる螭首龜趺
で、墳土は馬鬣封で造られることとなった。現在、約15万㎡といわれる
広大な瑞龍山墓所内にはそのとおり、歴代藩主の墓がみな馬鬣封形式で
ずらりと並んでいて壮観である。

ただし、光圀が最初に馬鬣封式の墓を造ったのはこれより早く、万治
元年（1658）、二十一歳で亡くなった正室泰姫（尋子）の墓を同形式で
水戸吉田山薬王教院内に営んでいる[40]。そのことは泰姫の葬儀について光
圀自身が記した「藤夫人病中葬礼事略[41]」に、

　　堆土爲壇、方一丈有九尺、高四尺、上築墳墓、形如臥斧、所謂馬鬣

39）常陸太田市史編さん委員会『常陸太田市史』通史編・上巻（常陸太田市役所、1984）
　　七54頁の引用による。
40）前注『常陸太田市史』通史編・上巻、749頁。
41）「藤夫人病中葬礼事略」、常山文集拾遺所収、『水戸義公全集』上巻（角川書店、1970
　　年）267頁。

封也。

（土を堆みて壇を為す。方一丈有九尺、高さ四尺。上に墳墓を築き、
　形は臥斧の如し。所謂る馬鬣封なり。）

というとおりで、墳墓を版築し、臥斧のような形をした馬鬣封であった。
ただしこの墓はその後の延宝五年（1677）瑞龍山に改葬され、いわゆる
「馬蹄封」形式に改められることになる。この馬蹄封なる形式については
あとで述べる。

　いま、瑞龍山墓所の馬鬣封につき、頼房と光圀の場合を示しておく。
頼房の墳土の寸法は次のとおりである[42]。

　　幅：157 センチ
　　奥行き：253 センチ
　　高さ：129 センチ

　これを、前述した『泣血余滴』にいう寸法と比べていただきたい。幅
（底辺）と奥行き（前後の長さ）はほぼ等しいが、高さがずっと高く、『泣
血余滴』が77 センチだったのに対し、129 センチとなっている。これは
高さ四尺を和尺（曲尺）で計算した結果かもしれない。前述したように、
水戸藩の墓制は『泣血余滴』の影響を強く受けており、前部が高く、後
部を低くするという特徴や、前部が広くて後部がすぼまっているという
特徴を明確に備えている。ところが『泣血余滴』の場合、墳土の高さが
低いため馬鬣の形とは違うところがあった。それを考慮したのであろう、
水戸藩主の墳土は盛り上がりを高くし、馬鬣の形により近いものとなっ
ているのであって、それは図8[43]にも見るとおりである。

42）徳川斉正・常陸太田市教育委員会『水戸徳川家墓所』（常陸太田市教育委員会、2007
　　年）29 頁。
43）前注『水戸徳川家墓所』、121 頁。

図8　徳川頼房墓（常陸太田市瑞龍山墓所）

　次に、光圀の墳土の寸法は次のとおりである[44]。

　　幅：146センチ
　　奥行き：218センチ
　　高さ：101センチ

　これもまた墳土をより高くすることで馬鬣の形を明示しているのがわかる。図9は光圀の墓所の写真[45]、図10はその平面図である[46]。左が光圀の墓で、右側によりそって並ぶのが泰姫の墓である。
　調査報告書によれば、土が崩れないように石灰・粘土・砂利・砂などににがりを混ぜて、水を加えて練り固めた敲土を塗っているが、剥離や崩落があり、モルタルで補強されているものもあるという[47]。このように当初の版築に加え、墳土が崩れないように工夫を加えて現在に至ってい

44）前注『水戸徳川家墓所』、29頁。
45）財団法人水府明徳会『徳川光圀　黄門さまのこと』（財団法人水府明徳会、1999年）44頁。
46）注42『水戸徳川家墓所』三二頁。
47）注42『水戸徳川家墓所』三一頁。

図9　徳川光圀墓　右は正室泰姫の墓（常陸太田市瑞龍山墓所）

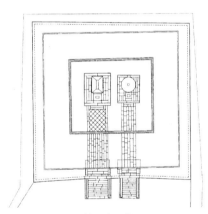

図10　徳川光圀墓平面図

るわけで、これら水戸藩主の墳土は日本に存在する馬蠶封の一典型とし
てたいへん貴重である。

3-2　馬蹄封について

ところで瑞龍山墓所において、藩主の夫人や朱舜水の墳土は馬蠶封で

図 11　朱舜水墓（常陸太田市瑞龍山墓所）

はなく馬蹄封（ばていほう）と呼ばれる形になっている[48]。これは上部の尖った円錐形の墳土をいい、図9の泰姫の墓および図11の朱舜水の墓[49]に見られるとおりだが、この名称の由来は実は不明である。中国の四書五経や十三経注疏などの経書およびその注にこの語の用例がないからである。さらに四庫全書その他の厖大なデータを含む「中国基本古籍庫」を検索しても「馬蹄封」はたった二ヵ所に見出されるにすぎず、しかもそれらは「馬蹄」（馬のひづめ）と「封」が連続していない用例であって、問題にならない[50]。このように見ると、この語は中国由来ではない可能性が高い。上部の尖った円墳を馬蹄封と呼ぶ例は中国の典籍にはまず見られないのである[51]。

48）注 39『常陸太田市史』通史編・上巻に「藩主の墳墓が蒲鉾型の馬鬣封であるのに対して、夫人の墳墓は馬蹄封（円錐形の土饅頭）であり」といっている（757頁）。また注 42『水戸徳川家墓所』31 頁および 48 頁。

49）注 45『徳川光圀　黄門さまのこと』、45 頁。

50）『全唐詩』巻四百七十六、崔損「秋霜賦」に「侵戦士之馬蹄、封將軍之狐壟」とあり、清・王柏心『百柱堂全集』巻五「崎陵」に「宿霧盤鸝影、崩沙没馬蹏（蹄）、封尸餘慟在、陰雨至今悽」とある。

51）ちなみに、韓国最大の古典データベース「韓国古典総合データベース」（한국고전종합 DB）でも「馬蹄封」の用例は一件もヒットしない。

図12　馬蹄銀

　では、水戸藩ではなぜこれを馬蹄封と呼んだのであろうか。詳細は不明だが、いわゆる「馬蹄銀」を逆さにした形と見て「馬蹄封」と呼んだのではあるまいか。馬蹄銀は中国の清代に通行した銀錠の一種で、両側の耳と呼ばれる部分が高く、馬の蹄の形をしているためこの名がある[52]。図12がそれで[53]、これを逆さにした形に見たて、しかも「馬鬣封」とペアの名称を用いたものと考えられる。

　なお、中国では普通これは銀錠と呼ばれ、馬蹄銀という名称は明治時代に日本人がつけたもので、中国ではほとんど使われなかったとされる[54]。このことはなお検討を要するが、もしそうであれば、馬蹄封の名は明治以降、水戸で独自につけられた可能性がある。

3-3　岡藩の場合

　いま水戸藩主の墓について見たが、他に馬鬣封を持つ儒式墓のあることが近年報告されており、なかでも九州岡藩（大分県）の例が注意される。

52）平凡社『世界大百科事典』（ジャパンナレッジ版）「馬蹄銀」（稲畑耕一郎執筆）。
53）ウィキペディア「銀錠」（2022年8月5日閲覧）。
54）同上。

これらを調査した豊田徹士氏によれば、岡藩では菩提寺の碧雲寺墓所などとは別に儒式墓を営んだ時期があり、それは次の三期に区分される[55]。

> 第一期　寛文九年（1699）から享保十五年（1730）までで、三代藩主中川久清（1615-1682）を中心に配偶者と血縁者によって営まれた時期
> 第二期　寛政四年（1792）から安政二年（1855）までで、第八代藩主中川久貞（1724-1790）により儒教および儒式墓が復古され、藩士のうち藩主に近い者や文芸に秀でた者たちによって営まれた時期
> 第三期　明治五年（1872）から現代までで、維新を経たことで藩士の枠を越えて農村有力者階級まで営むに及んだ時期

　現在までの調査により、第一期に七基、第二期に十二基、第三期に十基の存在が確認されている。注目すべきはこれらがほぼすべて「前面に墓碑、その背面に跳び箱様の石製馬鬣封」という形式になっていることで[56]、特に石製の馬鬣封というのは、前に触れた会津藩保科正頼の墓がそうであったと伝えられるが、現存例は珍しく、他にあまり類を見ない。上述したように、馬鬣封は本来、土を築き固めた墳土なのだが、盛り土だと崩れやすいため、崩壊と風化を避けてわざわざ石製にしたものであろう[57]。

　これらの墓所は城下北方の大船山（竹田市久住町）、城下東方の小富士

55）豊田徹士「岡藩圓福寺の儒教式墓」（松原典明編『墓からみた近世社会』所収、雄山閣、2021年）。

56）豊田徹士「岡藩の儒教式墓の一覧と儒教受容の変遷」（松原典明編著『近世大名葬制の基礎的研究』所収、雄山閣、2018年）254頁。

57）たとえば福井敬斎の儒教葬礼書『長思録』（写本）に「特葬馬鬣封之圖」を描き、「馬鬣封ハ崩ヤスシ、丸クスルニシクハナシ」といっている。福井敬斎（？-1800）は崎門派の学者で蟹養斎門人。『長思録』は国立公文書館内閣文庫蔵。

山（豊後大野市緒方町）や保全寺山（同）などに、いくつかのまとまりをもって造営されている[58]。以下、紙幅の関係で三例のみ紹介しておく[59]。

　岡藩における儒式墓の発端をなしたのは第三代藩主中川久清（1615-1681）で、岡山藩の池田光政と姻戚関係にあったことなどから、同藩の熊沢蕃山や三宅鞏革斎を招くなど儒教に傾倒、儒式の葬礼と祭礼（祖先祭祀）を実践したのであった[60]。

　久清が最初に造った馬鬣封墓は、寛文九年（1669）に死去した久清四女の井律の墓で、これは水戸藩や岡山藩の儒式墓造営に続き、大名による儒式墓としてはかなり早期に属する[61]。墓は大船山にあり、上下二石を積み上た馬鬣封で、高さ約75センチである（図13[62]）。高さが75センチというのは、先に見た『泣血余滴』にいう77センチにほぼ等しいため『泣血余滴』の影響が考えられる。ただ写真に見るとおり前部が狭く、後部が広くなっていてやや独特の形になっている。

　久清自身の墓も大船山にあり、馬鬣封は一石で造られている。高さは五十四センチでかなり低いが、理由はよくわからない（図14[63]）。

　もう一つ、岡藩に仕えた儒医、唐橋君山（1736-1800）の墓も紹介しておきたい（図15[64]）。君山は通称世済、荻生徂徠門人の高野蘭亭に学んだ。墓は竹田市願成院愛染堂の裏山にあり、藩主の墓制が家臣にも準

58）小富士山と保全寺山の儒式墓については『緒方町誌・総論編』（緒方町、2001年）571頁以下も参考になる。

59）岡藩の儒式馬鬣封については、豊田徹士「岡藩中川家の思想と実践──儒教受容とその展開」（松原典明編『近世大名墓の考古学』所収、勉誠出版、2020年）が整理している。以下に紹介する井律および久清墓の馬鬣封の高さについては、その260頁参照。

60）松原典明「近世大名墓から読み解く祖先祭祀」（原田正俊編『アジア遊学』206、宗教と儀礼の東アジア　交錯する儒教・仏教・道教、勉誠出版、2017年）92-93頁。

61）上述したように、徳川光圀が正室泰姫の墓を造ったのは万治元年（1658）であり、池田光政が祖父輝政、父利隆を和意谷墓所に改葬し儒式墓を造営したのは寛文七年（1667）である。吾妻重二「池田光政と儒教喪祭儀礼」（『東アジア文化交渉研究』創刊号、関西大学文化交渉学教育研究拠点、2008年）参照。なお、儒式の大名墓として最も早いのはおそらく尾張藩初代藩主徳川義直の墓で、慶安三年（1650）に造られている。

62）注59豊田徹士「岡藩中川家の思想と実践──儒教受容とその展開」90頁。

63）注59豊田徹士「岡藩中川家の思想と実践──儒教受容とその展開」94頁。

64）注59豊田徹士「岡藩中川家の思想と実践──儒教受容とその展開」101頁。

図13　中川井律墓（竹田市久住町大船山）

図14　中川久清墓（竹田市久住町大船山）

用されていくことを示す例として注意される。興味深いのは君山の著作に『墳墓之制』があることで、そこでは馬鬣封に関してかなり詳しい考証をほどこしており、岡藩の墓制が馬鬣封を強く意識していたことを改めて示してくれている[65]。

65）豊田徹士「唐橋世済『墳墓の制』について」（『石造文化財』第11号、2019年）。

図 15　唐橋君山墓（竹田市願成院愛染堂裏山）

図 16　木下俊長墓（大分県速見郡日出町　横津神社）

　もう一つ、日出藩（大分県）の第三代藩主木下俊長（1649-1716）の墓も興味深く、漆喰によって塗り固められた墳土は丸まった形をしており、馬鬣封の変型と見られる（図 16[66]）。この造墓については木下俊長

66）松原典明「日出藩主木下家墓所造営とその背景―特に神道との関わりを読み解く―」
　（注 56『近世大名葬制の基礎的研究』所収）103 頁。

に学を講じた儒者、人見竹洞（1638-1696）の影響が指摘されている。竹洞は林羅山・鵞峰に学んで幕府の儒官となった人物で、大塚先儒墓所に初めて馬鬣封形式で埋葬された人見卜幽の甥にあたる。

　これら現存する石製の馬鬣封墳墓は、『礼記』にいう、土をつき固めた版築の墳土とは製法こそ違うが、形式としてはやはり馬鬣封であり、日本独自の儒式墓としてはなかだ注目される。

4　中国・朝鮮の場合

4-1　墓制をめぐって

　さて、このように日本近世においては馬鬣封の墓が実際に作られたわけだが、儒教の本場中国では事情が違う。中国では馬鬣封の造営がほとんど考えられていなかったらしく、そのことは朝鮮においても同様だったように見える。以下、中国および朝鮮の墓制における馬鬣封につき検討してみたい。

　まず中国の場合だが、『礼記』檀弓篇上の馬鬣封につき、上述のように鄭玄注が「蓋高四尺、其廣袤未聞也」と、「高さは四尺のはずだが、その幅がどれくらいかは聞いたことがない」といっているのが注意される。さらに孔穎達疏には次のようにある。

　　孫毓難云、孔子墓魯城北門外西、墳四方、前高後下、形似臥斧、高
　　八九尺、今無馬鬣封之形、不止于三板、記似誤者。孫毓云據當時所
　　見、其墳或後人增益、不與元葬墳同、無足怪也。
　　（孫毓難じて云う、「孔子の墓は魯城の北門外の西なり。墳は四方に
　　して、前は高く後ろは下く、形は臥斧に似るも、高さは八九尺にし
　　て、今は馬鬣封の形無く、三板に止まらず。記は誤まれる者に似た

り」と。孫毓云うは当時の見る所に拠る。其の墳或いは後人増益するならん。元の葬墳と同じからざるは、怪しむに足る無きなり。）

　これによると、孫毓は、孔子の墓の墳土は高さが八、九尺あって馬鬣封の形とは違い、版築三回では作れないはずだから、『礼記』の記述には誤りがあるのではないかと疑っている。これに対して孔穎達は、墳土は後人によって増益された可能性があるので、もとの形態と違うのは怪しむに足りないといっている。細部はともかく、ここで重要なのは、後漢末の鄭玄の時代には馬鬣封なる形式がどのようなものなのかは実見できず、したがってその正確な大きさがわからなくなっていたということである。孫毓はこれに続く西晋初の学者であるが[67]、事情は同じで、かんじんの『礼記』の記述そのものを疑うに至っているのである[68]。

　近世期に関しては、江戸時代初期に日本に亡命し、寛文五年（1665）年、徳川光圀の賓師として迎えられた朱舜水が『朱氏談綺』の中で、

　　墳製圓。近來三四百年間、竝無馬鬣封之制矣。[69]
　　（墳製は円なり。近来三四百年間、並く馬鬣封の制無し。）

と述べているのが重要である。朱舜水は、墳土は円墳にすべきだとして、わざわざその図まで描いているだが、その一方で、中国では「この三、四百年間、馬鬣封などという墓制は存在しない」と明言しているのである[70]。これは日本の門人の問いに答えたもので、その門人は『礼記』の所

67）孫毓については呉承仕『経籍旧音序録』（『呉検斎遺書』、北京・中華書局、1986年）35頁以下参照。
68）なお現在、曲阜にある孔子の墓は文化大革命時に破壊されたのち修復されているため、元来の形と違っているので注意を要する。
69）『朱氏談綺』巻上、墳。吾妻重二編著『家礼文献集成　日本篇』3（関西大学出版部、2015年）32頁。
70）朱舜水の「答佐藤盛辰問七條」にも同じ記述が見える（『朱舜水集』上冊、北京・中華書局、1981年、363頁）。『朱氏談綺』の記述はこの佐藤盛辰への答えを収録したもの

説に関心があって尋ねたのであろうが、朱舜水の答えは実にそっけない
ものであった。

　これらは結局、馬鬣封という墓制が中国の伝統的墓制にはならなかっ
たことを示しているといえる。同様のことは、北宋末の馬晞孟『礼記解』
に「馬鬣封則従於倹、而後世可傳矣」（衛湜『礼記集説』巻十九引）とい
うことからも推測されるのであって、馬鬣封について「後世これを伝え
てもよい」というのは、後世、実際には存在していないという含みであ
ろう。南宋初の鄭樵に至っては『礼記』の編纂自体に問題があるとし、
馬鬣封の記述を「流俗之妄語」、すなわちでたらめな作り話とするしまつ
である[71]。

　このほか、礼制の文献を見ても馬鬣封は登場しない。唐・杜佑の『通
典』の礼部分は、周知のようにそれまでの礼制を集大成した浩瀚な資料
集だが、『礼記』の当該条を引用するにとどまっており（巻八十六・禮四
十六・凶八）、具体的な礼制の事例としてはとり上げていない。さらに調
べると、『大唐開元礼』をはじめ、宋の天聖令および『政和五礼新儀』、
さらには『明集礼』、『大清集礼』などにおける礼制の規定にも馬鬣封は
まったく記述されていない。さらに、歴代実施された礼制の事例を詳細
に調査、整理した清の秦蕙田『五礼通考』全二百六十二巻、徐乾学『読
礼通考』全百二十巻のいずれにも、意外なことに「馬鬣封」の事例は一
つも見出せないのである[72]。これらのことは馬鬣封という墳土が中国歴代
の礼制として採用されておらず、したがってその造営も一般に意識され
ていなかったことを物語っている。

　さらに朱熹の場合を見てみると、これまた驚くべきことに『朱文公文

であろう。
71）鄭樵『六経奥論』巻五・礼記総辨に「三代正礼残缺、無復能明。……礼記一書、曲礼
論撰於曲台而不及五礼之大本、王制著述於博士而尽失先王之大意。……檀弓載舜葬蒼
梧、夫子墓馬鬣封之類、皆流俗之妄語」という。明代の唐順之『新刊唐荊川先生稗編』
巻二十一・礼記総辨、および顧起元『説略』巻十三・典述中もこれと同文を引用する。
72）データベース「中国基本古籍庫」による。

集』および『朱子語類』いずれにも「馬鬣封」の用例はほとんど見られない。見出せるのは『語類』の次の条ぐらいである（『文集』の中の一例については後述する）。

> 伯謨問「某人家欲除服而未葬、除之則魂魄無所依、不可祔廟」。曰「不可、如何不早葬。葬何所費。只是悠悠」。因語「莆人葬、只是於馬鬣上、大可憂。須是懸棺而葬。
>
> （『朱子語類』巻八十九、喪・第51条）

　ここで朱熹は、喪が明けようとしているのにまだ埋葬していないという門人、方士繇（字は伯謨）に対し、悠長にかまえずに早く埋葬すべきだと答えたついでに、「福建莆田の人の葬儀はただ"馬鬣の上"でやっている、実に憂うべきことだ。ぜひとも棺を縄でつるして墓穴に葬らなければならぬ」と述べている。この「馬鬣の上で葬る」というのは墓穴を地中に掘らずに、地上に土盛りをするということらしいが、判然としない。後述するような質素な土饅頭の常套語として馬鬣と呼んだのかもしれないが、いま重要なのはむしろ、朱熹はそのような墓制に批判的だったという点である。

　あれほど経書に精通し、またその内容につき細部まで議論していた朱熹が『礼記』の当該条についてまったく論じる所がないというのは不可解に思われるが、要するにそれは、朱熹は馬鬣封という墓制に関心を示さなかったということを意味する。朱熹が晩年精力を傾けた中国古代礼制研究書『儀礼経伝通解』においても、そのあとを継いで黄榦が撰述した『儀礼経伝通解続』巻三、窆の条に『礼記』檀弓篇の本文と注疏を引用するにすぎないのである。ちなみに、朱熹の『家礼』は墳土の形を特に指示していないことから、伝統的な円墳を想定していたものと思われる。

4-2　中国における実例と朝鮮

　このように、中国の礼制上で馬鬣封はほぼ無視されてきたわけだが、では視点を変えて、中国における調査・研究書ではどうなっているのであろうか。実をいうと、近年の研究においても馬鬣封形式の墓の事例報告はまず見出すことができない。

　たとえば楊寛の名著『中国皇帝陵の起源と変遷』では、中国の中原地方には殷周時代、墳丘がなかったが、春秋末期に墳丘墓が出現することを示す証拠として『礼記』檀弓篇の馬鬣封の記事を引用している[73]。蒲慕州『墓葬与生死　中国古代宗教之省思』もこれと同様で、孔子の時代には墓上に墳土を造るのはもう稀なことではなかったとして同記事を証拠とするのみである[74]。これらの研究は文献資料のみならず考古学上の調査を含む重要な研究であるが、しかし、春秋時代以後の墓制の記述において、馬鬣封の墓の実例はもちろん、そのような墓を造ったという記録はまったく挙げられていない。

　このことは他の研究書についても同じで、特に文献資料と考古調査を集大成した近年の最も浩瀚な研究、李伯森主編『中国殯葬史』全八巻では『礼記』檀弓篇の当該記事自体が引用されず、また馬鬣封の墓の事例も挙げられていないという状況なのである[75]。

　もちろん、国土も広く歴史も長い中国のことだから、全然なかったとはもちろんいえまい。たとえば、先ほど触れた『朱子語類』に見える福建莆田の墓はその例かもしれず、また明・汪道昆「明封承徳郎戸部陝西

73）楊寛、西嶋定男監訳、尾形勇・太田有子共訳『中国皇帝陵の起源と変遷』（学生社、1981年）18頁。また楊寛『中国古代陵寝制度史研究』（上海人民出版社、2003年）9頁も同じ。

74）蒲慕州『墓葬与生死　中国古代宗教之省思』（北京・中華書局、2008年）16頁。

75）李如森『漢代喪葬制度』（吉林大学出版社、1995年）、張捷夫『中国喪葬史』（台湾・文津出版社、1995年）、韓国河『秦漢魏晋喪葬制度研究』（陝西人民出版社、1999年）、陳華文『喪葬史』（上海文芸出版社、2007年）などは近年における代表的研究だが、いずれも馬鬣封に関する記述は見られない。

司主事梁山古公行狀」（『太函集』巻四十二）に、

> 封君葬康村鋪黄沙壩之李家地、爲馬鬣封、乃今墓木翳然蔽牛。
> （封君、康村鋪黄沙壩の李家地に葬らる。馬鬣封を為すも、乃^{すなわ}ち今は
> 墓木翳然として牛を蔽う。）

というのは馬鬣封として葬られたとおぼしい例だが、これはかなり例外的で、おそらく簡素な土饅頭をそのように呼んだにすぎないのであろう。馬鬣封は簡素な土盛りであるため、先の日本の場合で見たように、かりに造られたとしても風化して残らないことも十分考えられるが、少なくとも以上からいえるのは、中国において馬鬣封は墓制としては『礼記』以後、特段注意されることもなかったということである。

　一方、朝鮮の場合について筆者の知るところは多くないが、事情は中国と類似していたように思われる。朝鮮王朝の国家礼制を定めた『国朝五礼儀』に馬鬣封は登場せず、宋浚吉（1606-1672）の『同春堂先生別集』巻一「上沙溪金先生」には、

> 圓墳與馬鬣、不知何制爲得。檀弓、子夏曰「昔者夫子言之曰、吾見封之若堂者矣、見若坊者矣、見若覆夏屋者矣、見若斧者矣。從若斧者焉。馬鬣封之謂也」云云。據此、則當以馬鬣爲準、而今俗罕爲此制、何歟。
> 　答、馬鬣比圓墳、覆土頗廣、稍去稜隅、則似或堅完。吾家累代墓、皆從此制。

と、礼学の大家金長生（沙溪、1548-1631）との問答を載せている。『礼記』檀弓篇の記述を引きつつ、朝鮮の風俗では馬鬣封を造る例は稀だという宋浚吉に対して、金長生は、当家の累代の墓は馬鬣封の制に従っていると答えている。「稀」というのは婉曲な表現で、実際には「無い」と

いうに等しい。すなわち、例外的に馬鬣封式にするケースもあったよう
だが、一般にはほどんど造られていなかったことがわかる。ちなみに現
在に残る金長生一族の墓はいずれも馬鬣封式ではなく、朝鮮士大夫の場
合によく見られる大きな円墳となっている[76]。

　また博学で知られる李圭景（1788 - ？）の『五洲衍文長箋散稿』巻四
十六「礼経疵繆辨証說」では、先に触れた、『礼記』の馬鬣封の記述を
「流俗之妄語」とする南宋・鄭樵の説を引用している。このほか、近年の
詳細な調査、金右臨『朝鮮時代士大夫墓制研究[77]』でも馬鬣封について触
れる例はない。この問題に関してはいっそうの精査が必要ではあるが、
朝鮮が中国の礼制および『家礼』の強い影響下にあったことを考えると
状況は中国の場合とさほど変わらなかったのではあるまいか。

　このように、中国そして朝鮮においても馬鬣封の墓制を見出すのはす
こぶる困難であって、そのことは日本と中国・朝鮮の儒教意識の間に一
定のギャップがあったことを示している。日本において中国古代儒教の
墓制が、一部の儒者や大名により、明確な意識をもって復元され、馬鬣
の名にふさわしい墳墓が造形されたことは、東アジアの墓制の中できわ
めて興味深いことといわなければならない。

5　詩語としての馬鬣封

5-1　中国の場合

　以上は墓制面からの考察であるが、これに対して、文学面では馬鬣封
の語はわりあい多く登場する。右に見た実際の墓制状況と矛盾するよう

76）蔣永台『世界葬墓文化〈地〉』（ソウル、太乙文化社、2008 年）「光山金氏 文元公 沙
　溪 金長生의 墓」（105 頁以下）。
77）김우림，『조선시대 사대부 무덤 이야기』，민속원，2016 年。

であるが、もっぱら死者を悼む詩句でのみ用いられていることから、質素な墓の意味でこの語が汎用されていたようである。同様の例は日本、朝鮮にも見出すことができる。以下、詩語としての馬鬣封について少し見ておきたい。

　たとえば、唐の白居易「哭崔二十四常侍詩」(『白氏文集』巻六十五) は「貂冠初別九重門、馬鬣新封四尺墳」とうたっている。また、柳宗元「為韋京兆祭太常崔少卿文」(『河東先生集』巻四十七) では「佳城遽卜、素車千里、逶迤山谷、晦爾精靈、藏之斧屋」といい、「斧屋」について宋・廖瑩中の注は『礼記』檀弓篇の当該条を引用しつつ説明している。李賀「王濬墓下作」(『箋注評点李長吉歌詩』巻三) にも「墳斜馬鬣封、菊花垂溼露」の句がある。

　さらに宋の梅堯臣「葉大卿挽辞」第二首 (『宛陵先生集』巻十) では「器隕龍文鼎、魂歸馬鬣墳」といい、黄庭堅「王文恭公挽詞」第一首 (『予章黄先生文集』巻十二』) では「不謂堂堂去、今爲馬鬣墳」とうたう、といったごとくである。

　また、朱熹の「挽籍溪胡先生」三首のうち第二首 (『朱文公文集』巻二) では、

　　澹泊忘懷久
　　渾淪玩意深
　　簞瓢無改樂
　　山水自知音
　　册府遺編在
　　丘原宰樹陰
　　門人封馬鬣
　　寒日共沾襟

といっている。「籍溪胡先生」とは朱熹の少年時代の師、胡憲である。そ

の墓について「門人、馬鬣を封じ、寒日共に襟を沾す」というのは、簡単な土盛りであること詠んだものであろう。ちなみに朱熹の文集に見える馬鬣（馬鬣封）の用例はここ一か所だけのようである。

このほか、『水滸伝』第百回（『李卓吾先生批評忠義水滸傳』巻八十四、容與堂本）のタイトルは「二將昂然犯敵鋒　宋江兵擁一窩蜂　可憐身死無人救　白骨誰爲馬鬣封」である。

これらはみな、質素で小ぢんまりとした墳墓をいうもので、しかも末尾に用いることで、土饅頭の下に埋葬された死者を悼む気持ちを詩的に強調しているといえよう。もう一つ、朱彝尊の「沈烈女詩」（『曝書亭集』巻十）は長文の哀悼詩で、つぎのように詠っている。

> 呉趨沈氏女、許嫁黃小同、墨車雖未迎、媒妁言已通。
> 黃童抱羸疾、十九年命終、沈氏得凶問、淚落如泉江。
> 布總箭笄鬐、喪服治衣工、上樓不下樓、顒顉縣春冬。
> 含辛桂枝蠹、食苦蓼葉蟲、父母勸之嫁、女恚經樓中。
> 須臾救復活、自誓永不雙、獨居三十年、兵革俄乘墉。
> 全家盡逃匿、女仍守樓牕、結我裳與衣、輟彼殘與饔。
> 一笑歸黃壚、之死何從容、層層虎邱塔、下臨松柏桐。
> 兩家謀合葬、龜筮咸相從、小字書新銘、白石沙磨礱。
> 雙飛花蝴蜨、並蔕生芙蓉、春水鴨頭綠、秋草雞冠紅。
> 花船恣來往、愛泊山西東、吾願游冶女、視此馬鬣封。

詳細な解説は省くが、この詩は再婚を拒んで自死した沈氏のむすめの生涯を悼んだもので、最後を「吾れ願う游冶の女、此の馬鬣封を視んことを」で結ぶ。「游冶」とは遊びにふけり容姿を飾ることで、そのような浮ついた女子に対する訓戒の意を込めている。或る研究者は、馬鬣封は聖人孔子の墓であるから、儒教の教えである「貞節」の意味がこの語に

は込められているとする[78]。しかし、これまで見てきた例からしても馬鬣封に貞節の含意を持たせるのどうであろうか。そうではなく、小さな土饅頭の中に埋葬された痛ましい生涯に思いを寄せるべきだということであろう。

　そのためか、明末の児童教育書『幼学瓊林』巻三、疾病死喪類では「吉地曰牛眠地、築墳曰馬鬣封」といっている。「吉地」すなわち墓所を牛眠地といい——その例は前述した木下順庵墓のところで見た——、「築墳」すなわち墳土を築くのを馬鬣封という、とする。つまり墳土を造ることを馬鬣封と汎称するというのであって、おそらくこれが馬鬣封の語の最も一般的な用法であったと思われるのである。繰り返せば、版築とか、高さ四尺とか、馬の鬣の形とかいった墓制には必ずしもこだわらず、墳土（土饅頭）を造って葬ることを、詩的表現として馬鬣封と呼んでいるのである。上に見たように、詩の中で、しかも多くが末尾においてこの語を詠み込んでいるのは、馬鬣封が常套的詩語として用いられていたことをよく示していると思われる。

5-2　日本・朝鮮の場合

　馬鬣封の語が漢詩に詠まれた例は江戸時代を通じて散見されるが、これも単なる質素な墓をいう詩語と思われるものが多く、必ずしも実際の墓制を意味していはいないようである。以下、紙幅の関係で二例のみ紹介する。

　平安時代の巨勢為時の「贈故菅左大臣太政大臣詔」（『本朝文粋』巻二）の中に、

　　呼嗟、馬鬣年深、蒼烟之松雖老、龍光露暖、紫泥之草再新。

78）陳宇清「従"松柏心"到"馬鬣封"——朱彝尊詩歌中的"烈女"書写」（『蘭州教育学院学報』第33巻第3期、2017年）。

という。これは正暦四年（993）、道真が太政大臣を追贈された際の詔で、道真の墓を「馬鬣、年に深し」という。これは四六文であって表現は詩的である。江戸時代後期の菅茶山（1748-1827）には次の五言古詩がある。

　　四月五日夜夢頼千秋、明夜夢中井淶翁・西山拙斎二子、覺後悵然
　　成咏（『黃葉夕陽村舎詩』巻五）
　　連夜夢故人
　　尋思轉傷悲
　　千秋在遠道
　　瓜代不愆期
　　淶翁雖久別
　　鴻信頼及時
　　獨傷西山子
　　馬鬣宿草滋
　　人生寄幻泡
　　其間幾相知（以下略）

　ここに詠まれる頼千秋すなわち春水、中井淶翁すなわち竹山、および西山拙斎はいずれも茶山の友人もしくは先達で、彼らを二晩続けて夢に見て懐かしさに耐えず作ったという。このうち拙斎の墓について「馬鬣
宿草滋る」といっているのだが、これまた小さな墳墓が雑草に紛れてしまうのを悼む詩的表現である。
　ついでに朝鮮の場合についていくらか触れておくと、李滉（退渓、1502-1571）の五言律詩「挽朴上舎」（『退渓先生文集外集』巻一）はこうである。

　　大節潘南後
　　冲然秀氣鍾

　歛華無慕外
　守道儘安窮
　謝寶庭階列
　于門駙駕通
　忽聞封馬鬣
　衰涙落秋風

　尾聯の第一句「忽ち聞く　馬鬣に封ぜらるるを」というのは、馬鬣封
のつくりを問題にしているのではなく、ただ、突然亡くなって葬られた
ことを述べて全体を締めくくっている。
　なお、李滉その人の墓については、門人朴承任が「退渓先生挽詞二章」
（『嘯皐先生文集』巻二）の第一章で「晩年丘壑平生志、短碣千秋馬鬣隅」
とうたっているが、ここにいう「馬鬣」も、死去して土葬されたことを
詩的に表現したまでであろう。
　もう一つ、李滉や李珥（栗谷）と並ぶ名儒、曺植（南冥、1501-1572）
の七言律詩「挽河希瑞」（『南冥先生集』巻一）を挙げてみよう。

　詩書家業上庠生
　筐篚朱陽織不成
　皓首黄冠推長座
　紫花蒼樹認高荊
　嗟嗟大耋驚三復
　叫叫孤兒夢兩楹
　馬鬣封深抔土在
　雍門涙洒到天明

　この詩も尾聯に「馬鬣封深くして抔土は在り」とうたう。「抔土」は墓
土、いわゆる土饅頭の意である。これまでと同様、末尾にこの語を用い

41

ることで、挽歌としての悲しみを込めたといえる。

　以上、中国の文学における「馬鬣封」の用例をざっと見てきたが、み
な故人を悼む詩の中に見えるもので、「質素な墳墓」を形容した雅語とし
て用いられている。その影響を受けてであろう、日本と朝鮮の場合も、
同じように詩語として慣用的に用いられており、必ずしも実際の墓制を
意味していないようである。もちろん実際の馬鬣封なのか判断に迷うケ
ースもあるが、現実に施行された墓制の歴史を念頭に置くならば、『礼
記』の所説が詩的言語として定着したものと見て間違いないであろう。
その質素さ、小ささを言うことで、亡くなった故人の痛ましさ、はかな
さを強調しているわけである。

小　　結

　ここでは『礼記』檀弓篇に見える墓制、馬鬣封について考察してきた。
その発端は日本にこの形式の墳墓が存在するという驚きからであったが、
本稿で考察したように、それらは中国の伝統礼制を参照したのではなく、
『礼記』檀弓篇の記述そのものから直接復元したものであった。

　そもそも、中国では馬鬣封形式の墓は実際にはほとんど問題にされず、
朱熹ですらこの墓制に関して議論さえしていない。歴代の礼制書を見て
もその事例は登場しない。このことは朝鮮においても同様であったらし
い。江戸時代初期に来日した朱舜水が「この三、四百年間、馬鬣封の墓
は存在していない」と断じ、朝鮮後期、宋浚吉が「朝鮮の風俗では馬鬣
封を造る例はまずない」といっているのは事実の反映と見ていいであろ
う。

　ところが日本では古代儒教のあり方が独自に探究され、『礼記』の記述
が墓制に活かされることになった。中国の伝統的墓制ではなく、『礼記』
に見える古代の観念を形あるものとして現実化しようと試みたのである。

その嚆矢は林鵞峰の『泣血余滴』であるが、その後、水戸藩や岡藩の例に見るように、馬の鬣（たてがみ）部分の形に似るようにいっそうの工夫がこらされ、さらに土が崩れないように石灰・粘土で固めたり、石を積んだり、あるいは一石で造ったりする事例まで現れた。もともと崩れやすい盛り土だったはずの馬鬣封をこのように堅固に造形したのは日本独自のものと思われる。これまで馬鬣封形式の墓制はほとんど注意されなかったが、今後の調査によって同様の事例はもっと見出されるかもしれない。

　一方、馬鬣封の語自体は漢詩の中にしばしば登場する。中国にその例は多く、いずれも死者を悼む詩の中で、しかも多くは末尾の締めくくりに用いられた。それは日本や朝鮮でも同様である。これは実際の墓制を記すというより、質素な墳墓（土饅頭）を表わす詩語として汎用されており、そこに込められた小ぢんまりとした粗朴な含意が、亡くなった故人を追悼する気持ちを増幅する効果を与えていた。この詩語としての馬鬣封は、『礼記』に由来するこの語のもう一つの歴史である。

　さて、このように見てくると、儒式墓といっても一様ではないことに気づく。馬鬣封の墓についていえば、日本におけるその造形は確かに古代儒教儀礼の復興という面をもっているが、しかしその儒教復興のあり方は中国・朝鮮とは違っており、その意味では相互にギャップが生じていることになる。

　儒教といっても、それはもともと「そこにある」のではなく、儒者や儒教共鳴者によって経書の或る部分がクローズアップされ、それが新たな「儒教」の形を造っていくことがあるわけで、それは中国の国内外を問わない。どちらが正統の儒教であるのかを問うことも、ほとんど無意味である。儒教史とは、そのようなさまざまな地域や時代を含めての儒教史であることを、馬鬣封の事例は再認識させてくれるといえよう。

Bhāviveka, and (Three?) Other Commentators on MMK 19.1 with Some Philological Observations*

Masamichi Sakai

Introduction

The nineteenth chapter of the Mūlamadhyamakakārikā (henceforth: MMK) called '*kālaparīkṣā*' (in Sanskrit, according to the Prasannapadā) / '*dus brtag pa*' (in Tibetan, according to the Prajñāpradīpa in the Tibetan version) 'examination of time' is one of the shortest chapters of the MMK, containing only six verses. Despite this fact, Bhāviveka's commentary, i.e., the Prajñāpradīpa in its Tibetan rendition (henceforth: Prajñāpradīpa^Tib), on this chapter provides us with valuable information about the author's commentarial style in contrast to those of other commentators on the MMK. This is seen by the fact that Bhāviveka introduces and then refutes three different interpretations of MMK 19.1. Avalokitavrata, the Indian commentator on Bhāviveka, ascribes these three pūrvapakṣas, to 1) Sthiramati and the like, 2) Buddhapālita, and 3) Devaśarman and the like, respectively, though the first identification is problematic, as will be discussed below. This fact, which itself means that Nāgārjuna's views of time is one of the most controversial issues for the MMK commentators, has attracted scholarly attention from those who are concerned with the intellectual history of the so-called Madhyamaka school, including Mitsukawa (光川) [1971] (for Bhāviveka's

45

refutation of Buddhapālita), Ejima (江島) [1980] (for Bhāviveka's refutation of Sthiramati and Devaśarman), and Nishikawa (西川) [1984] (for Bhāviveka's refutation of all three). In 2002 and 2005, I published a critical edition of the nineteenth chapter of Prajñāpradīpa[Tib] with an annotated Japanese translation: Sakai (酒井) [2002], [2005]. This time, I revisit the relevant discussion of MMK 19.1-3.

My intention of this revisit is twofold:

1) To take a close look at Bhāviveka's argument on MMK 19.1-3 and his refutations of other commentators' interpretations of MMK 19.1 Here, my hope is to provide materials to be used for a future contrastive study of Bhāviveka's theory of time with that of Dharmapāla, which seems to be mainly developed in the third chapter (破時品; the chapter for a refutation of time) of his commentary on the Catuḥśataka, i.e., the 大乗広百論釈論.

2) To reevaluate the Chinese version of the Prajñāpradīpa (henceforth: Prajñāpradīpa[Ch]). Triggered by van der Kuijp's [2006] remarks on the Prajñāpradīpa[Ch], not a few scholars have hitherto focused their attention on its (mainly positive) textual value, including Helmut Krasser, Ritsu Akahane, and Mitsuhiro Yasui. The text structure of the Prajñāpradīpa[Tib] we examine in this paper is a bit complicated. What does the Chinese rendition for this part look like?

In my understanding, our relevant text is in well accordance with Kragh's [2006] observation about the seventeenth chapter of the the Prajñāpradīpa[Ch], namely that in the Prajñāpradīpa[Ch], various elements are interpolated from the Chinese translation of Piṅgala's commentary on the MMK, which was translated by Kumārajīva (henceforth: Madhyamakaśāstra[Ch]) in the beginning of the fifth century. Namely, the following seems to be the case: For our relevant text too, the difference between the Tibetan and the Chinese version is quite huge: For example, in the Prajñāpradīpa[Tib], the author himself gives two

46

interpretations to MMK 19.1. In the Prajñāpradīpa[Ch], in turn, the part corre-
sponding to Bhāviveka's second interpretation is replaced by an almost literal
borrowing from the Madhyamakaśāstra[Ch] on MMK 19.1, whose contents are
different from those in the Prajñāpradīpa[Tib]. Given this fact, it is possible to
speculate, as Yasui (安井) [2018] suggests, that Prabhākaramitra and his
translation team consulted the available Madhyamakaśāstra[Ch] when they trans-
lated the Prajñāpradīpa. Or, it is also possible to speculate that such interpo-
lated elements from the Madhyamakaśāstra[Ch] are later additions not by the
translator(s), but by somebody else—this is Kragh's hypothesis. Or rather,
the Sanskrit manuscript they translated into Chinese is different and shorter.
At any rate, this fact cannot but convince us that the textual history of
Prajñāpradīpa[Ch] is 'rather complicated and requires much further inquiry' [van
der Kuijp 2006, 195,4–5] still.

Text and Translation

I present below a critical edition of the relevant part of the Prajñāpradīpa[Tib],
which is followed by my English translation, and its corresponding part of
the Prajñāpradīpa[Ch] also with my English translation. Those places underlined
with a wavy line (like this) are parallel in terms of content between
Prajñāpradīpa[Tib] and Prajñāpradīpa[Ch].

Prajñāpradīpa[Tib] 19 ad MMK 19.1–3

Critical Edition
C=Cone; N=Narthang; D=Derge; P=Peking

dus kyi (kyi DC; kyis PN) dbye ba 'grub na yang ltos pa can nam | on

'te ma ltos pa zhig tu (zhig tu PN; bzhin du DC) 'gyur grang na |
de la gal te ltos pa can du dam 'cha' na |

> da ltar byung dang ma 'ongs pa ||
> gal te 'das la ltos gyur na ||
> da ltar byung dang ma 'ongs pa ||
> 'das pa'i dus na yod par 'gyur || (MMK 19.1)[1]

dus nyid yin na ltos pa dang bcas pa'i phyir 'das pa'i dus bzhin no zhes bya
bar dgongs so ||
  yang na |

> da ltar byung dang ma 'ongs pa ||
> gal te 'das la ltos gyur na ||
> da ltar byung dang ma 'ongs pa ||
> 'das pa'i dus na yod par 'gyur || (MMK 19.1)

zhes bya ba ni lan 'ga' zhes bya ba'i tshig gi lhag ma'o || 'di la gang dag ltos
pa dang bcas pa de dag ni dus gcig nyid du yang 'gyur te | lan 'ga' mi mthun
pa nyid med na ltos pa [P241a1] dang bcas pa'i phyir dper na | pha dang bu dag
bzhin no ||
  ci ste ltos pa dang bcas pa [C193a1] nyid kyi gtan tshigs bstan kyang | da
ltar byung ba dang | ma 'ongs pa dag 'das pa'i dus na yod par mi 'dod na |
de lta na skyon gzhan 'dir yang 'gyur te |

> da ltar byung dang ma 'ongs pa ||

---

1) pratyutpanno 'nāgataś ca yady atītam apekṣya hi | pratyutpanno 'nāgataś ca kale 'tīte
bhaviṣyataḥ || MMK 19.1

gal te de na (de na PN; de ni DC) **med gyur na ||**
da ltar byung dang ma 'ongs pa ||
ji ltar de la ltos par 'gyur || (MMK 19.2)[2]

ltos pa dang bcas pa nyid yin na | da ltar byung ba dang | ma 'ongs pa dag 'das pa'i dus la ltos nas da ltar (nas da ltar DPC; 'di ltar N) byung ba dang | ma 'ongs pa nyid du 'grub par 'gyur ro ||

kha cig na re | de lta na don dam par da ltar dang | ma 'ong pa'i dus dag la da ltar dang | ma 'ongs pa'i ngo bo [D193a1] nyid dag med do (do C; de DPN) || dus nyid yin na ltos pa dang bcas pa'i phyir dper na 'das pa'i dus bzhin no zhe'o ||

gzhan dag na re | **da ltar byung dang ma 'ongs pa || 'das pa'i dus na yod par 'gyur ||** (MMK 19.1cd) zhes bya ba ni | dus mnyam pa rnams la ltos pa srid pa'i phyir ro zhes zer ro ||[3]

gzhan dag na re | de ni rigs pa ma yin te | dus tha dad pa yin yang spun dag la ltos pa yod pas ma nges pa nyid yin pa'i phyir ro zhe'o ||

gzhan dag na re | 'das pa dang ma 'ongs pa dag ni med pa'i phyir ltos pa med la | 'das pa dang ma 'ongs pa dag yod pa nyid yin na ni gsum (gsum DC; sum PN) char yang da ltar nyid du 'gyur ro zhe'o ||[4]

kha cig na re | de yang rigs pa ma yin te | da ltar gyi tsha bo la ltos nas

---

2) pratyutpanno 'nāgataś ca na stas tatra punar yadi | pratyutpanno 'nāgataś ca syātāṃ katham apekṣya tam || MMK 19.2 ||

3) Cf. ? 大乘中観釈論 (卍大蔵経 Vol. 26-1, 60c): 若現在未来因過去時者, 彼現在未来過去時已有. 釈曰. 若現在未来因過去有者, 即三時同一体有故非道理. Cf. Ejima 1980: 167, 196-197 (n. 30); Nishikawa 1984: 8.

4) Cf. BpV P279a5-8; D247a3-5: ci ste 'das pa'i dus zhig cin (zhig cin D; zhigs shing P) 'gags te med pa kho na yin na ni | de na 'di gnyis ji ltar yod par 'gyur | ci ste 'das pa yang yod pa kho na yin par sems na ni yod pa'i phyir da ltar yin par 'gyur gyis (gyis P; gyi D) 'das pa ma yin pas de ni mi 'dod do || smras pa | gang gi tshe da ltar byung ba dang ma 'ongs pa dag 'das pa la ltos nas 'grub po zhes smras pa de'i tshe ji ltar de gnyis 'das pa na yod par 'gyur | bshad pa | gang gi phyir de la ltos nas 'grub po zhes smras pa (zhes smras pa D; zhes pa P) de kho na'i phyir de gnyis de na yod par thal bar 'gyur ro ||

mes po med pa la yang | sgra brjod pa khyad par can 'jug pa'i phyir dang |
dus dgag pa smra ba dag gis 'das pa dang | ma 'ongs pa dag da ltar (da ltar
PN; da lta DC) nyid du bstan pas | phyogs snga ma la gnod pa'i phyir ro
zhe'o ||

gzhan dag gis smras pa | **da ltar byung dang ma 'ongs pa || 'das pa'i
dus na yod par 'gyur ||** (MMK 19.1cd) de dang 'brel pa'i phyir 'das [P241b1]
pa'i dus bzhin te | **da ltar byung dang ma 'ongs pa || gal te 'das la ltos
gyur na ||** (MMK 19.2cd) zhes gsungs pas 'brel pa'i gtan tshigs bstan pa'i
phyir ro zhe'o ||

gzhan ma yin pa na re | 'brel pa'i gtan tshigs kyang rigs pa ma yin te |
ltos pa dang | 'brel pa nyid yin yang | dbyug pa can dbyug pa nyid du mi
'gyur bas | ma nges pa nyid yin pa'i phyir dang | dus tha dad pa dag la yang
'brel pa yod pa'i phyir ro zhes zer ro ||

de ltar re zhig ltos pa can gyi dus ma grub po || 'on te ma ltos par dam
'cha' na de'i phyir |

**'das pa la ni ma ltos par ||
de gnyis grub pa yod ma yin ||** (MMK 19.3ab)[5]

da ltar dang [C193b1] ma 'ongs pa nyid kyi rgyu **'das pa la ma ltos par** | da
ltar dang ma 'ongs pa **de gnyis** rgyu med par **'grub pa yod pa ma yin** no ||
gang gi phyir de ltar ltos pa med par da ltar byung ba dang | ma 'ongs
pa dag ma grub pa ||

**de phyir da ltar byung ba dang ||
ma 'ongs dus kyang yod ma yin ||** (MK 19.3cd)[6]

---

5) anapekṣya punaḥ siddhir nātītaṃ vidyate tayoḥ | MMK 19.3ab
6) pratyutpanno 'nāgataś ca tasmāt kālo na vidyate || MMK 19.3cd ||

'das pa dang ma 'ongs pa dang | da ltar gyi sgrar brjod pa'i dus dag mi srid pa'i phyir ro zhes bya bar dgongs so ||

Prajñāpradīpa^{Tib} 19 ad MMK 19.1–3

Translation

Even if the division of time [i.e., the division of the past, the present, and the future] is established, either A) [they] should have a relation, or B) [they] should not be related [to each other].

With regard to these [alternatives], if one asserts that [they] have a relation, [then Nāgārjuna says]:

> **If the present and the future would exist (*gyur*) after having been related (*ltos*) to the past, [then] the present and the future should exist in the past time. (MMK 19.1)**

[What Nāgārjuna] intends [when he says this] is (*ity abhiprāyaḥ*): "If [the present and the future] have a property of being time (*kālatve*), because they have a relation, like the past time."

Or else,

> **If the present and the future would exist after having been related to the past, [then] the present and the future should exist in the past time. (MMK 19.1)**

With regard to [this] saying (*zhes bya ba*) the word "sometimes" (*kadācit*) is that which has to be supplied (*ity śeṣaḥ*). Here those two which are related to each other can also be contemporary, because sometimes, i.e., when

51

there is no adverseness/incompatibility [between them], they are related [to each other], like father and son.

Or rather: Although the inferential reason property of "being related" has been stated, if one did not accept that the present and the future exist in the past time, in that case another fault would also here occur. [Namely, that]

If the present and the future did not exist there [i.e., in the past time], how could the present and the future be related to it [i.e., the past]? (MMK 19.2)

If [the present and the future have] the property of "being related," the present and the future should be established as being the present and the future, [respectively], after having been related to the past time.

A certain person [i.e., the author himself, i.e., Bhāviveka] says: "In this way, in the ultimate sense (*paramārthataḥ*), for both the present and the future time there is no nature of the present and the future, [respectively], because, if [they have] a property of being time, they have a relation, like the past time."[7]

[Pūrvapakṣa A:][8] Others [i.e., Sthiramati and the like (according to Avalokitavrata[9])] say: "With regard to [Nāgārjuna's assertion:] **"the present and the future should exist in the past time"**: this is because it is possible

---

7) This *prayoga* is beautifully translated in the Prajñāpradīpa[Ch], which reads: 第一義中無現在未來時自體. 時有待故. 譬如過去時. "In the ultimate sense, there is no nature (自體) of the present and the future time, [respectively]. This is because the [two] times have a relation, for example, like the past time."

8) For this pūrvapakṣa A, see the note for the pūrvapakṣa A below.

9) Cf. PPṬ P123b4-5; D101b5-6: **gzhan dag na re | da ltar byung dang ma 'ongs pa || 'das pa'i dus na yod par 'gyur || zhes bya ba ni dus mnyam pa rnams la ltos pa srid pa'i phyir ro zhes zer ro** zhes bya ba ni | 'grel pa byed pa <u>gnas brtan sthi ra ma ti</u> la sogs pas rnam par bshad pa'i tshig yin te |

52

for those which share a time to be related [to each other]."

<u>Others</u> [i.e., the author himself, i.e., Bhāviveka] say: "This is not tenable. This is because [your reasoning, i.e., "because it is possible for those which share a time to be related to each other"] is indeterminate/inconclusive (*anaikāntika*), since there is a relation between an older brother and [his] younger brother, even though [they] belong to different times."

[Pūrvapakṣa B:][10] <u>Others</u> [i.e., Buddhapālita (according to Avaloki-tavrata[11])] say: "Since the past and the future do not [in fact] exist, there is no relation; if the past and the future in fact exist, the three altogether (*char yang*) should be nothing but the present."[12]

<u>A certain person</u> [i.e., the author himself, i.e., Bhāviveka] says: "Neither is this tenable. This is because, with relation to a grandson, who belongs to the present, making a particular statement even about [his] grandfather, who is not existent, functions (*pravartate*), and because the prima facie view (*pūrvapakṣa*) is invalidated thereby, when <u>those who advocate a negation of time</u> explain the past and the future as the present."

[Pūrvapakṣa C:] The following is said by <u>others</u> [i.e., Devaśarman and the like (according to Avalokitavrata[13])]: "**the present and the future**

---

10) For this pūrvapakṣa B, see the note for the pūrvapakṣa B below.

11) Cf. PPṬ P124a7–8; D102a6–7: **gzhan dag na re | 'das pa dang ma 'ongs pa dag ni med pa'i phyir ltos pa med la | 'das pa dang ma 'ongs pa dag yod pa nyid yin na ni gsum char yang da ltar nyid du 'gyur ro zhe'o** zhes bya ba ni | 'grel pa byed pa <u>gnas brtan buddha pā li tas</u> rnam par bshad pa'i tshig yin te |

12) According to Avalokitavrata, this is a so-called *sāvakāśa-vākya*, i.e., a statement in which there is a room left for opponents to make objection/rejoinder. Ejima [1980] explains that, for Bhāviveka, *sāvakāśa-vākya* is such a statement from which one can derive something that contradicts the proponent's *siddhānta*. In this case the *siddhānta* is that "there is no time/time does not exist."

13) Cf. PPṬ P125a7–125b1; D103a4–5: **gzhan dag gis smras pa | da ltar byung dang ma 'ongs pa || 'das pa'i dus na yod par 'gyur || de dang 'brel pa'i phyir 'das pa'i dus bzhin te | da ltar byung dang ma 'ongs pa || gal te 'das la ltos gyur na | zhes gsungs pas 'brel pa'i gtan tshigs bstan pa'i phyir ro zhe'o** zhes bya ba ni | 'grel pa byed pa gnas brtan <u>de ba sharma</u> la sogs pa dag gis rnam par bshad pa'i tshig yin te |

should exist in the past time, because [the present and the future] are connected to it [i.e., the past], like the past time. This is because it is by [Nāgārjuna's] saying: "**If the present and the future would exist after having been related to the past**" that the inferential reason [property of] "being connected" is explained."

A non-other person [i.e., the author himself, i.e., Bhāviveka] says: "Neither is the inferential reason [property of] "being connected" tenable. This is because [this inferential reason property] is indeterminate/inconclusive, because a man carrying a stick cannot become the stick itself, although [he] is related and [thus] connected [to the stick], and because there is a connection even between those two which belong to different times."

In this manner[14], first, time[s] which have a relation are not established.

Or else, when one asserts that [times] do not have a relation, therefore [Nāgārjuna] says:

There is no establishment of these two without having been related to the past. (MMK 19.3ab)

Without having been related to the past which is the cause of the present and the future, **there is no establishment of these two**, namely, the present and the future as a causeless [being].

Because, in this manner, without a relation [to the past time] the present and the future are not established;

Therefore, neither the present time nor the future time exists.

---

14) In my understanding, this "in this manner" refers to Bhāviveka's *prayoga* mentioned above, i.e., "In the ultimate sense, for both the present and the future time there is no nature of the present and the future, [respectively], because, if [they have] a property of being time, they have a relation, like the past time."

（**MMK 19.3cd**）

[What Nāgārjuna] intends [when he is saying this] is（*ity abhiprāyaḥ*）: "Because times which are expressed in the words "past," "future," and "present" are impossible."

Prajñāpradīpa^{Ch} 19 ad MMK 19.1-3

Taishō No.1566 (in Vol.30) 109b,9-109c,10

復次三時別成者. 爲有相待. 爲無相待.
若立時有待成者. 其過如論偈説.

現在及未來 若待過去時
現在及未來 過去時已有

釋曰. 此謂時有待, 時有待故. 譬如過去時.
　復次若待過去時有現在未來時者, 應過去時中有現在未來時. 何以
故. 因過去時成現在未來時故. 亦應現在未來時住過去時中. 如是現在未
來盡名過去時. 若一切時盡名過去時者, 則無現在未來時, 盡過去故. 若
無現在未來時, 亦應無過去時. 何以故. 現在未來時已在過去時中故.⌐15)

---

15) Cf. Madhyamakaśāstra^{Ch} Taishō No.1564 (in Vol.30) 25c11-18: ⌐ 如是因過去時成未來
現在時者, 則過去時中應有未來現在時. 若過去時中有未來現在時者, 則三時盡名過去
時. 何以故. 未來現在時在過去時中故. 若一切時盡名過去者, 則無未來現在時, 盡過去
故. 若無未來現在時, 亦應無過去時. 何以故. 過去時因未來現在時故名過去時. 如因
過去時成未來現在時. ⌐ "In this manner, if, after having been dependent upon the past
time, the future and the present time are established, then the future and the present time
should exist in the past time. If, in the past time, the future and the present time exist, then
the three times are altogether designated as "the past time." For what reason? This is
because the future and the present time exist in the past time. If all times are altogether the
past, then the future and the present time do not exist, because [they] are altogether the past.

復次若時有待者, 或彼同時有, 不與待相違故, 譬如父子異.

若不立時有待［成］者 [16], 現在未來有別起過. 其義如論偈説.

現在與未來 過去時中無
現在與未來 待何而得有

釋曰. 此謂過去時中無現在未來時. ¬若謂**過去時中無現在未來時而因過去時成現在未來時, 此二云何得成**. ˥ [17] 若無現在未來時, 有何等過. 此下説驗. 第二義中無現在未來時自體. 時有待故. 譬如過去時.

復次鞞婆沙人言. 現在未來於過去中得同時故而有相待.

論者言. 亦有別時相待. 如兄弟. 非是一向. 汝語非也. 如是有時相待不成.

復次若無時相待得成者. 其過如論偈説.

不待過去時 彼二則不成
現在及未來 是則無有時

釋曰. 彼二者謂現在未來爲二. ¬**不待過去時則不成**現在未來時. 何以故. 若不待過去時有現在未來時者, 於何處有現在未來時, 以無相待故. ˥ [18]

If there are not the future and the present time, neither should there be the past time. For what reason? This is because, since the past time is dependent upon the future and the present time, [it] is designated as "the past time." This is like how the future and the present time are established after having been dependent upon the past time."

16) 若不立時有待［成］者 *emended*; 若不立時有待者 Taishō.

17) Cf. Madhyamakaśāstra^{Ch} Taishō No.1564 (in Vol.30) 25c26-27: 若未來現在時不在過去時中者, 云何因過去時成未來現在時. "If the future and the present time do not exist in the past time, how on earth are the future and the present time established after having been dependent upon the past time?"

18) Cf. Madhyamakaśāstra^{Ch} Taishō No.1564 (in Vol.30) 26a8-12: ¬不因過去時則不成未來現在時. 何以故. 若不因過去時有現在時者, 於何處有現在時. 未來亦如是. 於何處有未來時. ˥ 是故不因過去時則無未來現在時. 如是相待有故實無有時. "Without having been dependent upon the past time, the future and the present time are then not established.

56

Prajñāpradīpa[Ch] 19 ad MMK 19.1–3

Translation

And, furthermore, given that the three times [i.e., the past, the present, and the future] are separately established, do [you] suppose（為）that they have a mutual relation（相待）, or do [you] suppose that they have no mutual relation?

If [you] theorize（立）that the [three] times are established after having been [mutually] related, the fault [occurring in] this [case] is as the verse of the [Madhayamaka]śāstra says:

If the present or the future are related to the past time, the present or the future have already existed in the past time.
（**MMK 19.1**）

Commentating [on this verse, it is] said: This [verse] says that the [two] times have a relation; this is because time has a relation, for example, like the past time.

And, furthermore, **if, after having been related to the past time**, the present and the future time exist, the present and the future time should exist in the past time. For what reason? This is because, after having been dependent upon（因）the past time, the present and the future time are established. Or, the present and the future time should abide（住）in the past time. In this manner, the present and the future are altogether（盡）designated as "the past

---

For what reason? If the present time exists without having been dependent upon the past time, in which place does the present time exist? This is also the case for the future [time]. In which place does the future time exist? It is for this reason the case that the future and the present time do not then exist without having been dependent upon the past time. In this manner, since [they] have a mutual relation, time lacks in substance."

time." If all times are altogether designated as "the past time," then there are not the present and the future time, because [they] are altogether the past. [And] if there are not the present and the future time, neither should there be the past time. For what reason? This is because the present and the future time have already existed in the past time.[19]

And, moreover, if the [two] times have a relation, it is rather the case that they exist at the same time. This is because [to exist at the same time] does not contradict (相違) [having] a relation. For example, like the case that father and son are different [i.e., a father and his son are different in terms of time, i.e., a father belongs to the previous time; his son belongs to the later time. However, it is not contradictory that they exist at the same time].

[To the contrary,] if [you] do not theorize that the [two] times are established after having been related [to the past], there is the fault that the present and the future occur while existing independently/separately. The meaning of this is as the verse of the [Madhayamaka]śāstra says:

The present and the future do not exist in the past time. To which have the present and the future been related and then obtain [their] existences? (MMK 19.2)

Commentating [on this verse, it is] said: This [verse] says that in the past time there are not the present and the future time. If one says "**There are not the present and the future time in the past time**, nevertheless (而) the present and future time are established after having been dependent upon the past time," [in that case] how on earth could these two [i.e., the present and

---

19) This sentence does not make sense to me. It is difficult to understand.

future time,] obtain [their] establishments? [They never obtain their establish-ments unless they exist in the past time. Thus, it is concluded that they do not exist.] If the present and the future time do not exist, what kind of fault is there? This is explained below in the [form of] proof/reasoning (驗) [, namely]: "In the ultimate sense, there is no nature (自體) of the present and the future time, [respectively]. This is because the [two] times have a relation, for example, like the past time."

And, furthermore, the Vaibhāṣikas say: "It is in the past that the present and the future obtain a coincidence [with the past], therefore, they [i.e., the present and the past, or the future and the past] have a mutual relation."

The proponent [i.e., Bhāviveka] says: "Those which belong to different times (別時) too, have a mutual relation, like an older and [his] younger brother. This [i.e., the Vaibhāṣikas' reasoning,] is [therefore] not exclusive/determinate (一向). [So,] what you have said is wrong! It is not established that it is in this way that time has a mutual relation."

And, next: If it is the case that the [two] times obtain their establish-ments without having a mutual relation, [then] the fault [occurring in] this [case] is as the verse of the [Madhayamaka]śāstra says:

Without having been related to the past time, those two are then not established. The present or the future, these [two] do not therefore exist as time. (MMK 19.3)

Commentating [on this verse, it is] said: "**Those two**" means the fact that the present and the future comprise a dual (为二). **Without having been related to the past time**, the present and the future time **are then not established**. For what reason? If the present and the future time exist without having been related to the past time, in which place do the present and the future exist, because they do not have a mutual relation?

Study

1. Bhāviveka on MMK 19.1-3

To start with, I give here my English translation of MMK 19.1-3 in the Tibetan rendition provided by the Prajñāpradīpa[Tib]:

> If the present and the future would exist after having been related to the past, (1ab) [then] the present and the future should exist in the past time. (1cd)
> If the present and the future did not exist there [i.e., in the past time], (2ab) how could the present and the future be related to it [i.e., the past]? (2cd)
> There is no establishment of these two without having been related to the past. (3ab) Therefore, neither the present time nor the future time exists. (3cd)

For MMK 19.1 Bhāviveka formulates a *prayoga* (proof-formulation). In doing so, he takes 1cd as *pratijñā* (proposition to be proved) and derives from 1ab its *hetu* (inferential reason property), i.e., the property of "being related" (*sāpekṣatva*). The subject of this inference is the present and the future.

> *pratijñā*: **The present and the future should exist in the past time.** (19.1cd)
> *hetu*: If [the present and the future have] a property of being time, because they have a relation.

dṛṣṭānta (example): Like the past time.

Then, he explains the situation indicated by 1cd, namely, that the present and the future exist in the past time. This situation is quite odd and thus clearly unwanted/untenable. However, it seems that Bhāviveka must somehow give a reasonable elucidation of it. This is because, for him, 1cd is the very presupposition based on which 19.2 functions. And 19.2 positively concludes 3cd that **"neither the present time nor the future time exists."** Stated differently, Bhāviveka finds it as a commentator's duty to give a tenable/ acceptable explanation for the situation indicated by 1cd. This is nothing but to explain how the coexistence of the present and of the future with the past time is concluded from their being related to the past time. To accomplish this duty, he makes his second *prayoga*, of which the inferential reason property is "being related" and of which the property to be proved (*sādhyadharma*) is "being contemporary." In so doing, he ordains that the word **kaścid / lan 'ga'* (sometimes) should be supplied with 1cd. This supplemental word is rephrased by him as "when there is no adverseness/ incompatibility (**pratikūlatā?/*virodha?*; *mi mthun pa nyid med na*) [between them]."

> *pratijñā*: Here, those two which are related to each other can also be contemporary.
> *hetu*: Because sometimes, i.e., when there is no adverseness/incompatibility [between them], they are related to each other.
> *dṛṣṭānta*: Like father and son.

So, for Bhāviveka with this *prayoga* it is proved and thus tenable that the present and the past time are contemporary, and the future and the past time are contemporary. According to Avalokitavrata, this inferential result becomes a problem for those opponents who insist that it is through their mutual relation that the three times are established. In his commentary, Avalokitavrata explains that to be contemporary rather makes a relation between them untenable. He says as follows:

> PPṬ P122a7–122b2; D100b4–6: dper na pha dang bu dag ni lan 'ga' mi mthun pa nyid med na ltos pa dang bcas pa'i phyir dus gcig nyid du yang 'gyur ba de bzhin du da ltar byung ba dang ma 'ongs pa gang dag 'das pa'i dus la ltos pa dang bcas pa de dag kyang lan 'ga' mi mthun pa nyid med na ltos pa dang bcas pa'i phyir dus gcig nyid du yang 'gyur ro ‖ de lta na da ltar byung ba dang ma 'ongs pa'i dus dag la lan 'ga' 'das pa'i dus na yod par 'gyur ro ‖ lan 'ga' 'das pa'i dus na yod par gyur na ('das pa'i dus na yod par gyur na P; 'das pa'i dus ltos na yod par gyur na D) de gnyis kyang lan 'ga' 'das pa yin par 'gyur ro ‖ de ltar na lan 'ga' dus gcig kho nar 'gyur ro ‖ lan 'ga' dus gcig kho na yin na ltos pa mi 'thad de | 'di ltar de nyid de nyid la ji ltar ltos par 'gyur | ltos pa mi 'thad pa'i phyir dus kyang mi 'thad pa kho na yin no ‖
>
> Like (*yathā) father and son can also be contemporary (*tulyakāla) because sometimes, i.e., when there is no adverseness/incompatibility [between them], [they] have a relation, so (*tathā) can those —— the present and the future —— too, which are related to the past time also be contemporary, because sometimes, i.e., when there is no adverseness/incompatibility [between them], [they] have a relation [to the past time]. In this way, it is possible for the present and the future time to sometimes exist in the past time. If [the present and the future time] sometimes exist in the past time,

[then] these two too can sometimes be the past. In this way, [they, i.e., the present and the past, the future and the past] can be sometimes nothing but contemporary. If [they, i.e., the present and the past, the future and the past] are sometimes nothing but contemporary, [for them, i.e., the present and the future] to relate [to the past time] is untenable. For it is so (*tathā hi): How can that itself relate to that itself? Since [for them, i.e., the present and the future] to relate [to the past time] is untenable, time too is never tenable.

At any rate, for Bhāviveka it should be the case that the present and the future exist in the past time, insofar as the present is related to the past time and the future is related to the past time.

It should be noted here that the pūrvapakṣa A and C are other undertakings of the above-mentioned commentator's duty, while the pūrvapakṣa B ascribed to Buddhapālita by Avalokitavrata simply denies the situation 19.1cd describes. Instead, it concludes that the three times altogether should be nothing but the present.

Then, Bhāviveka says that if one nevertheless does not concur with this situation, then another fault occurs, which is what MMK 19.2 teaches. In the following manner Bhāviveka introduces and then explains MMK 19.2:

Or rather: Although the inferential reason property of "being related" has been stated, if one did not accept that the present and the future exist in the past time, in that case another fault would also here occur. [Namely, that] **If the present and the future did not exist there [i.e., in the past time], how could the present and the future be related to it [i.e., the past]?** (19.2) If [the present and the future have] the property of "being related," the present and the future should be established as being the present and the future [respectively], after having been related to the past time.

And then, basing himself on 19.2, he composes his own *prayoga*, which reads:

pratijñā: In the ultimate sense, for both the present and the future time there is no nature of the present and the future, [respectively].
hetu: Because, if [they have] a property of being time, they have a relation.
dṛṣṭānta: Like the past time.

According to Bhāviveka, if the present and the past, or the future and the past, are mutually related, there are no natures (*svabhāva*) of the present and the future. This is because, the fact/situation that some things are established based on their mutual relation contradicts that they have their individual, independent, natures of their own, since their establishments/their being so require/requires another thing other than themselves.

To the contrary, if one gives up the notion of their being mutually related, then what MMK 19.3 teaches is concluded, namely, according to Bhāviveka:

Or else, when one asserts that [times] do not have a relation, therefore [Nāgārjuna] says: **There is no establishment of these two without having been related to the past.** (19.3ab) Without having been related to the past which is the cause of the present and the future, there is no establishment of these two, namely, the present and the future as a causeless [being]. Because, in this manner, without a relation [to the past time] the present and the future are not established; **Therefore, neither the present time nor the future time exists.** (19.3cd) [What Nāgārjuna] intends [when he is saying this] is: "Because times which are expressed in the words "past," "future," and "present" are impossible."

With regard to Bhāviveka's above-examined commentary on MMK 19.1–3, what attracts our attention is his understanding and treatment of 19.1. The question is whether one should understand 19.1, especially 19.1cd: "**the present and the future should exist in the past time,**" as a *prasaṅga*-argument, or not. If one would interpret 19.1 as a *prasaṅga*-argument, this would mean that 19.1 nullifies 19.2: "**If the present and the future did not exist there [i.e., in the past time], how could the present and the future be related to it [i.e., the past]?**" as a whole, which itself has the critical role of introducing and concluding 19.3: "**There is no establishment of these two without having been related to the past. Therefore, neither the present time nor the future time exists.**" However, as mentioned, what 19.1cd says is obviously odd and thus untenable. Bhāviveka seems to be challenged by this difficult task of giving a justifiable explanation to the untenable situation. That Bhāviveka introduces and then refutes three different interpretations of MMK 19.1 makes it clear that he puts a lot of effort into this task. In this sense, his commentary on MMK 19.1 can be said to be one of the highlights in his Prajñāpradīpa (but notably only in its Tibetan rendition).

2. Note for the Pūrvapakṣa A

Basing themselves on Avalokitavrata's commentary, both Ejima [1980: 167, 196–197 (n. 30)] and Nishikawa [1984] write that we *can* find its corre-

sponding assertion by Sthiramati in his commentary on the MMK, i.e., the 大
乗中観釈論 . However, this is not that convincing.

In terms of content, the text portion identified by Ejima (and his
follower, Nishikawa) does not seem to correspond to the pūrvapakṣa A in the
Prajñāpradīpa^{Tib}. The relevant text reads:

若現在未来因過去時者，彼現在未来過去時已有．釈曰．若現在
未来因過去有者，即三時同一体有故非道理.

"**If the present and the future are dependent upon the past
time, the present and future have already existed in the past
time.**" Commentating on [this verse, it is] said: If the present and
the future exist by having been dependent upon the past time, in
that case the three times have one and the same body. Therefore,
[this] is not tenable.

However, the aim of the pūrvapakṣa A in the Prajñāpradīpa^{Tib} is different:

gzhan dag na re | **da ltar byung dang ma 'ongs pa || 'das pa'i
dus na yod par 'gyur ||** (MMK 19.1cd) zhes bya ba ni | dus
mnyam pa rnams la ltos pa srid pa'i phyir ro zhes zer ro ||

Others say: "With regard to [Nāgārjuna's assertion:] "**the present
and the future should exist in the past time**": this is because it is
possible for those which share time to be related [to each other]."

This aims to explain how MMK 19.1cd: "the present and the future should
exist in the past time" is concluded from the presupposition given by MMK
19.1ab: "If the present and the future would exist after having been related to
the past." The pūrvapakṣa A understands the situation described by 19.1cd as

that the present shares the same time with the past; the future shares the same time with the past. And, the pūrvapakṣa A explains that, for some two things to have a relation is possible when they belong to the same time. To put it differently, the opponent here believes that to exist at the same time is the prerequisite for having a relation. But, as far as I see, such reasoning cannot be found in the relevant text in the 大乘中観釈論. The argument in the 大乘 中観釈論 aims to explain in what sense MMK 19.1cd: "the present and the future should exist in the past time" is not acceptable. Namely, it is evident that Sthiramati understands MMK 19.1cd as an unwanted consequence (prasaṅga), or rather, he criticizes Nāgārjuna's assertion of MMK 19.1cd itself.

As Kajiyama (梶山) [1963] [1968/69] proves, we know that Sthiramati, in his 大乘中観釈論, cites and then criticizes Bhāviveka's commentary on the MMK, and Avalokitavrata, in turn, tries to rescue Bhāviveka from Sthiramati's attack in his Ṭīkā. If so, then it is hard to explain the situation that Sthiramati's commentary is cited in the Prajñāpradīpa, which Ejima believes to be the case. As for the relation between Bhāviveka and Sthiramati who are thought to be contemporaries, Ejima writes that it looks like they composed their own commentaries on the MMK while mutually criticizing and defending their respective positions. At the same time, however, Ejima accepts Kajiyama's conclusion that the Prajñāpradīpa precedes Sthiramati's commentary. As for Avalokitavrata's explanation, Ejima writes that Avalokitavrata takes the position that the 大乘中観釈論 precedes the Prajñāpradīpa.

What is significant here is that Ejima's hypothesis of their "mutual-criticize-defend-relation" is based on his own impression that the pūrvapakṣa A in the Prajñāpradīpa[Tib] is well-identical with the relevant text he finds in the 大乘中観釈論. But, as I showed above, this seems not to be the case. To hold the position that the Prajñāpradīpa precedes the 大乘中観釈論 means to consider Avalokitavrata's identification here to be wrong, which seems to me more likely. Otherwise, we must find the above-examined reasoning elsewhere in Sthiramati's work (s) other than the 大乗中観釈論.

Another point to be noted is that the corresponding pūrvapakṣa in the Prajñāpradīpa[Ch], according to which its advocate is the Vaibhāṣikas, takes the same line of argument as the Tibetan rendition; namely, the Prajñāpradīpa[Ch] reads:

復次鞞婆沙人言. 現在未來於過去中得同時故而有相待.

And, furthermore, the Vaibhāṣikas say: "It is in the past that the present and the future obtain a coincidence [with the past], therefore, they [i.e., the present and the past, or the future and the past] have a mutual relation."

This aims to explain the reason why the present and future should exist in the past time. That is, in order to hold the relation between the present and the past, or between the future and the past, the present and the future should exist in the past time, and that they exist in the past time means that they obtain a coincidence with the past. Namely, it is their coincidence that makes their mutual relation possible.

The Prajñāpradīpa[Ch]'s identification of the opponent as the Vaibhāṣikas seems understandable, if we imagine that the Chinese translators think as follows: According to the Vaibhāṣikas' Sarvāsti-theory, all dharmas exist and this is in/through all the three times, i.e., the future, the present, and the past time. It is Vasmitra's position that is considered as their traditional orthodox view, according to which those dharmas whose causal function (*kāritra*) has already been performed are designated as the past; those dharmas whose causal function is being performed as the present; and those dharmas whose causal function is not yet performed as the future. Within such Sarvāsti-theory it is not problematic for the present and the future dharma to exist *with* the past dharma, since it is possible for them to exist at the same time. Of course, there is a difference between the two expressions, i.e., "with the past dharma" and "in the past time." However, this seems to be the back-ground thought by which the Chinese translators ascribe this pūrvapakṣa to the Vaibhāṣikas[20].

Both in the Prajñāpradīpa[Tib] and the Prajñāpradīpa[Ch], Bhāviveka rebuts the opponent's view that what makes a relation possible between the present and the past, or between the future and the past, is to share time or to coin-cide. Both in the Prajñāpradīpa[Tib] and the Prajñāpradīpa[Ch] there is the same argument for rebutting this, namely, it is possible for two things, though belonging to different times, to have a relation. This is like an older brother and his younger brother: An older brother belongs to previous times, and the younger brother to later times; nevertheless, they can be related to each other. In this way, according to Bhāviveka both in the Prajñāpradīpa[Tib] and the Prajñāpradīpa[Ch], the opponent's inferential reason is said to be inconclusive.

---

20) In my old article (Sakai [2002: 112–113 n.25]) I took the direction of trying to associate the pūrvapakṣa A in the Prajñāpradīpa[Tib] with Buddhadeva's theory which elucidates how one and the same dharma can be designated as the future, the present, and the past. This is by resorting to the relativity/reciprocality (*apekṣā*) to other dharmas. That is, according to Buddhadeva, one and the same dharma, when it has only something former, is called the future in relation to something former; it is called the present, when it has both something former and something later, in relation to both; it is called the past, when it has only some-thing later, in relation to something later. This is like the case that one and the same woman is, at the same time, called a daughter and/or a mother. Namely, in relation to her mother, she is designated as a daughter; in relation to her daughter, she is designated as a mother. It is true that, in this theory, the concept of relativity/reciprocality is the key; however, it is the matter of a single dharma, i.e., the woman, not of the future, the present, and the past dharmas. For this reason, my previous attempt seems not that convincing.

3. Note for the Pūrvapakṣa B

As to the pūrvapakṣa B ascribed to Buddhapālita by Avalokitavrata, it is first to be noted that there is no equivalent in the Prajñāpradīpa[Ch] at all.

This pūrvapakṣa maintains two points with regard to MMK 19.1: 1) No relation between the three times is possible, because in reality the past and the future do not exist; 2) If one nevertheless insists upon the existence of the past and the future, both must exist as the present, from which we learn that the opponent thinks that the present time exists and is the only time which exists in reality. In this way, the opponent first negates MMK 19.1ab, and then, provisionally accepting MMK 19.1ab, he concludes that the past and the future must exist as the present. This is a remarkable conclusion that deviates from what MMK 19.1cd itself says.

Bhāviveka responds negatively to the first argument. This is because, even if the past does not actually exist, the relation between the past and the present is possible. This is demonstrated by the example of a grandfather and his grandson: Even if a grandfather, who already passed away and thus is the past, is not existent, a specific talk about him related to his grandson, who is alive and thus the present, functions, something like "his grandfather was a famous musician," etc.

Neither is the second argument approved by Bhāviveka. This is because, if Buddhapālita explains the past and the future as the present, this harms the prima facie view belonging to those who advocate a negation of time. They are, according to Avalokitavrata, Ācāryapāda (*slob dpon gyi zhal snga nas*), i.e., Nāgārjuna, and the commentator (*'grel pa byed pa*), i.e., Bhāviveka, himself[21]. That is, Bhāviveka thinks that Buddhapālita's argument is contra-

---

21) Cf. PPṬ P125a6-7; D103a3: <u>slob dpon gyi zhal snga nas</u> dang <u>'grel pa byed pa</u> dag ni dus gsum dgag pa smra ba yin pas | <u>gnas brtan bud dha pā li tas</u> kyang dus dgag pa bstan pa'i rigs pa las 'das pa dang ma 'ongs pa dag da ltar nyid du bstan pas phyogs snga ma la

dictory to the Madhyamaka's prima facie position that, in the ultimate sense, time does not exist at all.

However, Bhāviveka's above-mentioned second argument seems unfair, because what Buddhapālita says in his Vṛtti is as follows:

BpV P279a5–8; D247a3–5: ci ste 'das pa'i dus zhig cin (zhig cin D; zhigs shing P) 'gags te med pa kho na yin na ni | de na 'di gnyis ji ltar yod par 'gyur | ci ste 'das pa yang yod pa kho na yin par sems na ni yod pa'i phyir da ltar yin par 'gyur gyis (gyis P; gyi D) 'das pa ma yin pas de ni mi 'dod do || smras pa | gang gi tshe da ltar byung ba dang ma 'ongs pa dag 'das pa la ltos nas 'grub po zhes smras pa de'i tshe ji ltar de gnyis 'das pa na yod par 'gyur | bshad pa | gang gi phyir de la ltos nas 'grub po zhes smras pa (zhes smras pa D; zhes pa P) de kho na'i phyir de gnyis de na yod par thal bar 'gyur ro ||

Or rather, the past time has perished and ceased [to exist], so it never exists. How can these two [i.e., the present and the future] exist in it [i.e., the past time]? Or rather, if you think that the past too actually exists, then [it] must be the present, because it exists; thus, it is not the past. Therefore, this is not acceptable. [Thus, I] say: "When you assert that the present and the future are established after having been related to the past, how, then, can these two exist in the past?" To explain: There would be the unwanted consequence that these two [i.e., the present and the future] exist in it [i.e., the past. This is] just because you say [these two] are established after having been related to it.

---

gnod pa'i phyir |

Namely, it is clear that to explain the past and the future as the present is not what Buddhapālita wants to insist, it is rather only an element constructing his *prasaṅga* argument as a whole.

4. Note for the Pūrvapakṣa C

Neither is there any equivalent in the Prajñāpradīpa[Ch] for the pūrvapakṣa C.

Avalokitavrata ascribes this pūrvapakṣa to Devaśarman and the like. Ejima [1980] points out that the name "Devaśarman" is mentioned three times by Avalokitavrata in his Ṭīkā, one of which is this.

Scholars such as Kajiyama (梶山) [1963] and Ejima [1980] view Devaśarman as being highly regarded by Bhāviveka due to his *prayoga*-oriented commentarial style on the MMK. It is here in the pūrvapakṣa C that we see his style. Namely, Devaśarman formulates MMK 19.1 into a proof formulation. In doing so, he takes MMK 19.1cd: **"the present and the future should exist in the past time"** as a proposition to be proved (*pratijñā*) and derives its inferential reason property (*hetu*) from MMK 19.1ab: **"If the present and the future exist after having been related to the past,"** i.e., the property of "being connected."

Based on the twofold reasoning Bhāviveka responds negatively to Devaśarman, pointing out that this inferential reason property deviates from what is to be proved. This is 1) because a man carrying a stick (**daṇḍin*) cannot become the stick (**daṇḍa*) itself, although he is connected to the stick, and 2) because there are some things that are connected to each other but exist separately in terms of time—Avalokitavrata gives an example of father and son. That is, the property of being connected does not necessarily lead to the conclusion that that which connects and that which is to be connected have one and the same body and exist at the same time.

Abbreviations

BpV: Buddapālitamūlamadhyamakavṛtti（Buddhapālita）（Tibetan）. Peking No. 5242; Derge No. 3842.

Madhyamakaśāstra[Ch]:『中論』4 巻. 龍樹菩薩造 梵士青目釈 姚秦 鳩摩羅什訳. 大正蔵 1564.

MMK: Mūlamadhyamakakārikā（Nāgārjuna）, 叶少勇（ed.）. 中论颂：梵藏汉合校・导读・译注. 中西书局. 2011.

Prajñāpradīpa[Ch]:『般若燈論釈』15 巻. 偈本龍樹菩薩 釈分別明菩薩 唐 波羅頗蜜多訳. 大正蔵 1566.

Prajñāpradīpa[Tib]: Prajñāpradīpamūlamadhyamakavṛtti（Bhāviveka）(Tibetan), 酒井真道（ed.）「インド思想における時間論の一資料―Prajñāpradīpa 第 19 章テクスト校訂と和訳（1）―」『宗教学・比較思想学論集』5（2002）: 99-104.

PPṬ: Prajñāpradīpaṭīkā（Avalokitavrata）(Tibetan), Peking No. 5259; Derge No. 3859.

大乗中観釈論:『大乗中観釈論』9 巻. 安慧菩薩造 宋 惟浄等訳. 高麗蔵1482 =『卍大蔵経』Vol. 26-1.

Ejima [1980]　江島惠教『中観思想の展開―Bhāvaviveka 研究―』春秋社.

Kajiyama [1963]　梶山雄一「清弁・安慧・護法」『密教文化』64/65: 159-144.

Kajiyama [1968/69]　Yuich Kajiyama. "Bhāvaviveka, Sthiramati and Dharmapāla." *Wiener Zeitschrift für die Kunde Süd-und Ostasiens* 12/13: 193-203.

Kragh [2006]　Ulrich Timme Kragh. *Early Buddhist Theories of Action and Result: A Study of Karmaphalasambandha, Candrakīrti's Prasannapadā, Verses 17.1-20.* Wien.

Mitsukawa [1971]　光川豊藝「「般若灯論」における清弁の仏護説批判（承前）―第十一章より第二十七章まで）―」『龍谷大学論集』395: 69-92.

Nishikawa [1984]　西川高史「Prajñāpradīpa 第 19 章における諸註釈書の引用について―Buddhapālita 批判を中心として―」『駒沢大学大学院仏教学研究会年報』17: 7-13.

Sakai [2002]　酒井真道「インド思想における時間論の一資料―Prajñāpradīpa 第 19 章テクスト校訂と和訳（1）―」『宗教学・比較思想学論集』5: 97-118.

Sakai [2005]　酒井真道「インド思想における時間論の一資料―Prajñāpradīpa 第 19 章テクスト校訂と和訳（2）―」『宗教学・比較思想学論集』7: 69-92.

van der Kuijp [2006]　L. W. J. van der Kuijp. "The Earliest Indian Reference to Muslims in a Buddhist Philosophical Text of Circa 700." *Journal of Indian Philosophy* 34: 169-202.

Yasui [2018]　安井光洋「『中論』注釈書の漢訳について」『智山学報』67: 21-33.

*Acknowledgements: The original version of the present article is a paper read at the international online workshop entitled "Reading Dharmapāla and Bhāviveka" held at the Center for Buddhist Philosophy, National Chengchi University, Taiwan, on January

8-9, 2022. My cordial gratitude goes to Prof. Chen-kuo Lin (National Chengchi University), the convener of the workshop, for encouraging me to keep on working on Bhāviveka and giving me the future research idea of a contrastive study of Bhāviveka's theory of time with that of Dharmapāla. I am also grateful to Dr. David Nowakowski for correcting and improving my English. Thanks to his final polish I could finalize this paper. The writing of this article was supported by JSPS KAKENHI Grant Number 17K18249.

藤澤南岳『新樂府』について

長谷部　　剛

1

　藤澤南岳に『新樂府』と題する小冊子がある。表紙と裏表紙を除くと、わずか三葉しかなく、「新樂府」の題下に、「瞥死徒」「怔忪」「疙瘩瘟」「衞生會」「醫可興」「不如息」「矩爲方」「追加」「不可測」「誰拔」の漢詩十首を収める。奥付に「述作者　大阪府士族　藤澤南岳」と、住所が記され、「印刷者」として「戸塚成音」の名と住所が記されるが、刊行年月日が記されていない。『新樂府』の草稿が南岳の自筆校本『七香齋吟草』[1]巻二に収録されており、巻二には「庚子」の年号が書写されているので、明治33（1900）年の作であることがわかる。

　本稿は、この南岳『新樂府』を紹介することを趣旨とするが、これは、唐代の白居易「新樂府五十首」を模倣するかたちで、明治日本の当時の世相を記録し、また世情を諷喩する内容をとるものであって、例えば花鳥風月を詠ずるような、ごく一般的な漢詩ではない。したがって、その解釈をめぐっては、①「新樂府」とはなにか、②南岳の「新樂府」には、どのような制作背景があったのか、③南岳にはどのような制作動機・意図があったのか、を解き明かす必要がある。

1）関西大学図書館泊園文庫蔵。

2

　中国・唐憲宗の元和4（809）年、監察御史、元稹は「和李校新題樂府十二首幷序」を作る[2]。これは、友人、李紳の「新題樂府」に和したもので、李紳の作はすでに散逸して伝わらないが、元稹の作には序があり、そこで「世理則詞直、世忌則詞隱」という李紳のことばを引用したあと、自ら「予遭理世而君盛聖、故直其詞以示後、使夫後之人謂今日爲不忌之時焉」[3]と述べる。これはつまり、世が治まっていたら、詩歌の言葉は直截的なものでも許され、世になにか禁忌があれば、詩歌の言葉は婉曲なものになるという前提のもと、元稹みずから「今は治まった世で、皇帝の威勢も盛んであるので、直截的な詩歌を作り、後世の人々に、この時代にはなにも忌むものがなかったと思わせたい」との決意を表明したものである。元稹の作は「上陽白髪人」「華原磬」「五弦彈」「西涼伎」「法曲」「馴犀」「立部伎」「驃國樂」「胡旋女」「蠻子朝」「縛戎人」「陰山道」の十二首ですべて七言齊言体の古体詩（七言古詩）という形式をとる。これに対して、白居易は「新樂府幷序」[4]を著す。序文には「其辭質而實、欲見之者易諭也。其言直而切、欲聞之者深誡也」とあり、元稹と同じく、華美に流れない質実な詩歌を作り、それを読んだ為政者が自分への諷喩だと理解されるようにし、直截的で切実な詩歌を作り、それを聞いた為政者が自分を深く諫めるようにするという目的が記される。この序には「元和四年爲左拾遺時作」とあるので、元稹の作と同年である。白居易は左拾遺の職にあり、さらに翰林学士を兼ねていた。白居易の「新樂府」はすべて五十首、元稹の十二首と同題の作を含み、さらに三十八首を新たに作り加えている。元白の「新」しい樂府について、それぞれの序の

2）卞孝萱「元稹年譜」、『卞孝萱文集』第一巻、鳳凰出版社、2010年。

3）楊軍［箋注］『元稹集編年箋注』、三秦出版社、2002年。

4）謝思煒［撰］『白居易詩集校注』、中華書局、2006年。

内容を総括して、静永健「元稹「和李校書新題樂府十二首」の創作意圖」[5]
は以下のように言う。

　　兩文（引用者注、元と白の序）は共に、ここに詠まれた詩歌群が、
　　古代の「詩經」の精神に則り、當今の政治情勢及び社會風潮を直接
　　反映するものであること、また故に自身の作詩態度はあくまで内容
　　本意、つまりは徒らに文辭の虚飾を追求するものではない樸直を旨
　　とした作であることを、實に堂々と説いているのである。

上の指摘は、元白両者の「新」しい樂府の共通点であるが、白の「新樂
府」は、三言・五言・七言・九言を交えた雑言詩であり、この点は元の
作との相違点としてあげることができる。
　南岳の「新樂府」は十首の連作であり、白居易の五十首に遙かに及ば
ないが、詩題からみて白居易のそれを継承し模擬した作品であることは
明白である。それは、白居易「新樂府」が、例えば、「李夫人」に「鑒嬖
惑也（漢の武帝が李夫人への愛に溺れたことを戒めとする）」と題下注が
あり、詩の主題が明確化されているのと同様、南岳のそれも──後述す
るように──題下注があること、さらに、三言・五言・七言・九言を交
えた雑言詩であること、などからも確認できる。
　では、元白はなぜ「新」しい樂府を作ろうとしたのであろうか。
　宋・郭茂倩［編撰］『樂府詩集』一百巻をひもとくと、樂府について
は、漢樂府以来、長い歴史があり、膨大な作品がのこされていることが
わかる。樂府の詩歌のうち、おもに漢代のもので、作者不詳のものは「古
樂府」あるいは「樂府古辞」と称される。時代が下って、魏晋期には、
この古樂府の題（樂府の古題）を踏襲した摸擬作「擬古樂府」が出現す
る。例えば、『文選』巻二十七「樂府」上に「飲馬長城窟」の「古辭」が

5）静永健『白居易「諷諭詩」の研究』、勉誠出版、2000 年。

収められる。この詩は、「遠方に行った夫の帰りを待ちわびる妻の心情を
うたう」[6]。これに対して、『文選』巻二十七「樂府」下には［西晉］陸機
の「飲馬長城窟行」が収められる。この詩は、「北方辺境に出征した兵士
の立場から」「極寒の地に行軍するつらさ、故郷への懐かしい思い、使い
捨てにされる兵卒のむなしさなどに加えて、匈奴と戦って勲功を立てよ
うとする気概も詠じられる」[7]。陸機の作は古樂府「飲馬長城窟」の題、す
なわち古題をそのまま用いて作った模擬の作（擬古樂府詩）であり、こ
れが唐代までの樂府詩制作の主流となる。

　元稹に「樂府古題序　丁酉」と題する文がある。これは「夢上天」など
十首の樂府詩に附された序文であり、元和 12 年（817）に作られた。そ
の中に、以下のようにある。

　　　近代唯詩人杜甫「悲陳陶」、「哀江頭」、「兵車」、「麗人」等、凡所
　　歌行、率皆卽事名篇、無復倚傍。予少時與友人樂天、李公、謂是爲
　　當、遂不復擬賦古題。

―― 今から遠くない時代には、詩人杜甫の「悲陳陶」、「哀江頭」、「兵車
行」、「麗人行」などの作品だけが、その詠ずるところ、概ね事実に即し
て篇名をつけていて、古題を踏襲することはなかった。私は若いときに
友人白樂天や、李公垂たちとそれをもっともなことだと思い、そこで二
度と古題を模擬しようとはしなくなった。――

　杜甫は、右に挙げた諸作で、樂府古題を用いることなく新たに題を作
って、杜甫が遭遇・目撃した歴史的事実を描写する叙事的な社会詩を制
作した。元稹は「樂府古題序」を著す八年前の元和 4 年、李紳（公垂）

---

6) 川合康三・富永一登・釜谷武志・和田英信・浅見洋二・緑川英樹［翻訳］『文選詩篇
　（四）』、岩波文庫。
7) 川合康三・富永一登・釜谷武志・和田英信・浅見洋二・緑川英樹［翻訳］『文選詩篇
　（五）』、岩波文庫。

の「新題樂府」に和して「和李校新題樂府十二首幷序」を制作している。これらは古題を踏襲せず、「卽事名篇（事実に即して新たに樂府題をつける）」ものであった。元稹は「新樂府」という名称を用いていないが、白居易の作は「新樂府」と題することから、のちには李紳、そして元白らの楽府詩を「新樂府」と呼ぶようなり、ここに「古樂府・擬古樂府」と「新樂府」の区別が劃然となり、後者は、歴史的事実や時事問題を取り上げて、それを諷刺したり批判的に述べたりする社会詩としての地位を獲得した。郭茂倩［編撰］『樂府詩集』は、巻九十から一百までが「新樂府」であり、そこには、元白の「新樂府」の嚆矢とも言える、元結の「系樂府」十二首が元白の作の前におかれ、また、元白を継承した、晩唐・皮日休の「正樂府十首」が『樂府詩集』の最後に配置される。

3

　藤澤南岳の「新樂府」十首は、この元白「新樂府」を継承する――言い換えれば、模擬する――作品群であり、両者には約千百年の懸隔がある。この千百年の間、中国では、「古樂府・擬古樂府」も「新樂府」も脈々と作られた。2020 年、郭麗・呉相洲［編撰］『樂府續集』全八冊が上海古籍出版社から出版された。同書は、『樂府詩集』の体例に倣って編集された、宋代・遼代・金代・元代までの樂府詩の総集であり、そのなかには、宋代と元代の新樂府が収められる。

　注目すべきは、元末明初の詩人、楊維楨（1296 ～ 1370）の樂府詩である。『樂府續集』は、楊の樂府詩を 576 首収録するが、そのうち 450 首は巻二七一「元新樂府辭」四以降に収める。『樂府續集』の編集方針として、『樂府詩集』の樂府題にないものは「新樂府」として扱うので、約八割の樂府詩が「新樂府」として扱われているが、これらはもともと『鐵崖古樂府』、同『補』、『復古詩集』に収められていたものであって、新し

い樂府題を冠するものの、楊維楨自身は「古樂府・擬古樂府」の系統に属する作品として制作したものと判断される。この傾向は、明代に復古主義的な文学の思潮が主流となるにしたがって明確になる。例えば、李東陽（字は西涯、1447～1516）は、李夢陽・何景明ら前七子・李攀龍・王世貞ら後七子が提唱した「古文辞」の先駆的文学者であるが、『擬古樂府』一巻をのこしており、同書には和刻本もある[8]。

　泊園書院は「古文辞」の徂徠学を継承する漢学塾であるから、南岳の文学も基本的には「古文辞」の立場にたつものである。「古文辞」にとって「樂府」とは「古」のそれであり、南岳自身も多くの擬古樂府詩を作っていることを、拙稿「藤澤南岳と明治漢詩壇」（吾妻重二編著『泊園書院と漢学・大阪・近代日本の水脈』所収）にて紹介している。また、前七子・後七子は白居易の文学を徹底的に排除したことでも知られる。この理屈から言えば、南岳にとって、白居易「新樂府」は模擬あるいは継承の対象にならないように感じられる。つまり、南岳の「新樂府」は極めて特異な存在なのである。

4

　では、以下、藤澤南岳『新樂府』の十首を紹介する。

①　　瞥死徒　　諷良醫用心也　　　　瞥死徒（ペスト）　　良醫の用心を諷するなり

　瞥死徒　瞥死徒　　　　　　　　　瞥死徒（ペスト）　瞥死徒（ペスト）

　死生機一髪　生命輕於銖　　　　　死生は機 一髪にして　生命は銖（しゆ）より輕し

8）関西大学図書館は、和刻本『李西涯擬古樂府』（遊焉啌社刊、安政5年［1858］）などを所蔵する。

世豈無良醫　世豈無良藥	世に豈に良醫無からんや　世に豈に良藥無からんや
群醫何擾擾　理論何謌謌	群醫 何ぞ擾擾たる　理論 何ぞ謌謌たる
只信死病無良醫	只だ信ず　死病に良醫無しと
勿言學醫拙下匙	言ふ勿かれ　醫を學ぶは匙を下すよりも拙しと

日本国内ではじめてペスト患者が発生し流行したのは、1899 年 11 月神戸でのことである[9]。つまり、南岳が『新樂府』を書く前年のことで、同年に大阪市でも 21 名のペスト患者が発生し、うち 17 名が死亡している。南岳のこの詩は、大阪でのペスト流行を受けてのものである。ペストの流行にうつ手立てもなく、死者が増加していくさまを、南岳は諷刺的に描いている。当時の西洋医学が有効ではないとの、南岳の認識が示されており、これが『新樂府』十首を貫く基調となっている。

第七・八句「群醫何擾擾　理論何謌謌」は、北里柴三郎博士が、1894 年香港で発生したペスト病調査に派遣され、そこでペスト菌発見の報を公表したものの、この菌（「北里菌」）の発見を巡っては、日本でペスト流行を見る 1899 年まで論争が続いた[10]事実を踏まえているのであろうか。それとも 1899 年に国内でペストが流行してからの医学界の動向を諷刺しているのであろうか。

②　**恇怯　　嘲自招害也**	恇怯（くゐやうけふ）　自ら害を招くを嘲ふなり
杞人憂天墮　宋人畏其影	杞人（きひと）は天の墮（お）つるを憂ひ　宋人（そうひと）は其の影を畏る
恇怯膽已落　生也眞僥倖	恇怯して膽（たん）已に落つ　生や眞に僥倖

9）内海孝『感染症の近代史』、日本史リブレット 96、山川出版社、2020 年。
10）注 9）に同じ。

君不見明代名將戚將軍	君見ずや 明代の名將 戚將軍
錬兵先唱膽氣篇	兵を錬するに先づ唱ふ 膽氣の篇

　ペストが猖獗を極めていることに怖じ気づいてしまえば、胆気が失われて自らを害することになる、との認識が示される。第一句「杞人憂天堕」は、『列子』天瑞篇に基づく。杞の国の人の、天が落ちて来はしまいかと憂えて、寝食を廃するまでになったことを言う。第二句「宋人畏其影」は、『荘子』漁父篇や『韓非子』解蔽篇などに基づく。自分の影と足跡から逃れようと走り続けて、遂に死んだ愚かな行為を言う。ともに、自分の心の中で、勝手に苦悩をつくりあげて、怯えてしまい、心を平静にできないことのたとえであり、南岳はペストに怯える当世の人々もそれと同じ愚を犯していると言いたいのであろう。明の将軍、戚繼光（？〜1587）に、『練兵實紀』九巻なる兵書があり、「膽氣篇」もそれに含まれる。なお、泊園書院も『練兵實紀』の和刻本（弘化年間日本藤川憲校點衡權堂刊）を所蔵している。

③　　疙瘩瘟　　傷古方廢棄也　　　疙瘩瘟（ぎつたふをん）　古方の廢棄せらるるを傷むなり

疙瘩瘟　古有論	疙瘩瘟（ぎつたふをん）　古（いにしへ）に論有り
黒死病　今所命	黒死病　今　命ずる所
名雖別　症卽一	名は別と雖も　症は卽ち一なり
聞説三農氏　論疫七八章	聞説く 三農氏　疫を論ずること七八章
中有對症應變二三方	中に對症應變二三方有り
今日無奈何	今日　奈何（いかん）ともする無し
袖手待死空嘆嗟	手を袖（しう）して死を待ちて　空しく嘆嗟す

空待死　不爲仁		空しく死を待つは　仁たらざるなり
古未愚　今未賢		古は未だ愚ならず　今は未だ賢ならず

　漢語「疙瘩瘟」が、「ペスト」「黒死病」に相当するのかは定かでないが、南岳はここですべて同一のものとして扱っている。今回調べた限りでは、『清史稿』巻五〇二「列傳・藝術」一「劉奎」に、「奎、字文甫、山東諸城人。乾隆末、著『瘟疫論類編』及『松峯說疫』二書、……有性論瘟疫、已有大頭瘟・疙瘩瘟疫・絞腸瘟・軟脚瘟之稱、奎復擧北方俗諺所謂諸疫證名狀、一一剖析之。」と、「疙瘩瘟疫」の語が見える。「疙瘩瘟」は、おそらく皮膚にかさぶたができる疫病のことであろうから、ペストではなく天然痘のことかもしれないが、南岳はここでは「疙瘩瘟」と「黒死病」は同じものと見なしている。「三農」は、『周禮』天官「大宰」に基づく言葉で、平地・山岳・水沢の三地に暮らす農民を指して言う。ここで南岳は、「三農」の間で伝承される、疫病に関する智慧を借りて、今回のペストの流行に対処せよと説いている。

④　　衛生會　　惜難擧實效也　　　衛生會　　實效の擧げ難きを惜しむなり

衛生兮衛生　名美事亦美		衛生　衛生　　名は美にして事も亦た美なり
孰不從其後　孰不從其旨		孰か其の後に従はざる　　孰か其の旨に従はざる
括一市財事未擧		一市財を括するも　事　未だ擧がらず
殆似泥塗洗清水		殆ど似たり　泥塗もて清水を洗ふに
會未全成財已盡		會　未だ全きは成さざるに　財　已に尽く
病纔去　神先死		病は纔かに去るも　神は先づ死す

盍返本　盍問始　　　　　　盍ぞ本に返へらざる　盍ぞ始めを問
　　　　　　　　　　　　　　はざる

　「衛生会」とはおそらく「大阪衛生会」のことを指しているのであろ
う。「大阪衛生会」は「中央衛生会」に対する地方の「衛生会」のこと
で、南岳のこの詩は、大阪衛生会がペスト対策に実効を挙げられていな
いのを残念に思って作ったものである。
　ここで「衛生」の語に注目したい。この語は明治期になって日本人が
health あるいは hygiology などの訳語として使い始めた、いわゆる「和
製漢語」である。以下、内海孝『感染症の近代史』[11] から引用する。

新しい概念「衛生」と内務省衛生局

　1873（明治6）年11月、内務省が新設された。
　それは岩倉米欧使節の帰国（1873年9月）、征韓派の敗北（1873
年10月）に見られるように内治優先派の勝利を意味した。内務省
は、内治優先の中心的な政策実行期間としてばかりでなく、あらた
な政策展開の核であった。（…中略…）
　まず産業育成の諸策があった。つぎは文部省医務局の内務省移管
も岩倉米欧使節の成果と考えてよい。使節団出発以前の約定で、親
しくみて学んだものは斟酌したうえで、実際に試行すると規定した
（第五款）。1875年6月28日、文部省の医療行政は医学教育を除き
内務省に移管され、内務省で出荷した翌日の7月4日に第七局を設
置しその事務を所管した。ところが、局長の長与専斎は7月17日、
その部局名を「衛生局」と改称した。
　長与は米欧の地で、サニタリー（sanitary）、ヘルス（health）、
ゲズントハイツプレーグ（Gesundheitspflege［保健衛生］）の語を

11）注9）参照。

84

聞いた。深く心にとめなかったが、しだいに国民一般の健康保護を
担当する特種の行政機関があると納得した。

　1874年8月発布された「医制」奇想課程のなかで、長与は原語を
直訳して「健康」もしくは「保健」の文字を使っても「露骨」でお
もしろくなかった。妥当な語はないかと思いめぐらすと、ふと、中
国古典の『荘子』に「衛生」ということばがあるのを思い出した。
雑篇第一「庚桑楚篇」の一篇である。

　　　　村に病人がいた。仲間が見舞ったところ病人は自分の病気を
　　　説明した。だが自分の病気がよくわかっているので、本当の病
　　　気には入らない。どうか衛生の経 —— 生命を安らかに守る方法
　　　—— をお教えいただきたい。

　　　　老子は答えた「衛生之経、能抱一乎、能勿失乎、能无卜筮而
　　　知凶吉乎」と。つまり、「衛生の経とはね、純粋な一つのものを
　　　内に守っていくことだよ。これを失わないようにすることだよ。
　　　亀卜や筮竹といった占いなどに頼らないで、自分で吉か凶かを
　　　判断していくことだよ」と（金谷治訳）。

　荘子における意味とは、やや異なっていた。だが、字面が「高雅
にして呼声」も悪くない。健康保護の事務に適用すべく、長与は部
局名の改称を申し出た。文部省から内務省に移管した時、医制のな
かで医学教育の条項を除き分離した関係で医務の二字はふさわしく
なかった。

　このようにして「衛生」は、長与が1874年に「医制」を作成する
なかで最初に使用し、翌75年7月、中央官庁の新しい部局名として
誕生した。それは、岩倉米欧使節調査の「真一文字に文明の制度」
を吸収しての着地点であった。

　この内務省衛生局の諮問機関として、明治12（1879）年に設置されたの
が「中央衛生会」であり、南岳の詩にある「衛生会」とはその地方組織

「大阪衛生会」と考えられる。

　南岳は、この「衛生会」が機能していないことを指摘しつつも、「衛生」の語についてはことさらに「名は美」と褒めているのは、この語が『荘子』を出典とするからであろう。南岳の詩から、大阪市のペスト対策が市の財政を傾けるほどの財政出動をしていながら、成果が上がっていなかったことがわかり、1900年大阪ペスト流行の実態をうかがい知るものとして大変興味深い。

　南岳はこの詩の最後で根本・原始に帰れと主張する。では、それはなんであろうか。おそらく、『荘子』にいう「衛生之経」であろう。南岳は第二首「恇怯　嘲自招害也」において、人々がペストに怯えて「胆気」を喪失しているさまを嘲笑している。南岳において、「胆気」を取り戻すことと、「衛生之経」に戻ることは、おそらく同じことなのであろう。

⑤　　**醫可興　　願老工製良劑也**　　　醫　興こす可し　　老工の良剤を製するを願ふなり

醫可興　醫可興	醫　興こす可し　醫　興こす可し
興醫學舍老師集	醫を興こし　學舍　老師　集ふ
家家尽是三折肱	家家　尽く是れ三たび肱（ひぢ）を折る
朝會又夕議　苦心可謂厚	朝に會し　又た夕べに議す　苦心　厚しと謂ふ可し
驗疫與診斷　方法不曾苟	驗疫と診斷と　方法　曾て苟（かりそめ）ならず
未聞一人講良劑	未だ聞かず　一人として良剤を講ずるを
只道死病難下手	只だ道ふ　死病　手を下し難しと
中心誠求之　精誠動鬼神	中心は誠に之を求め　精誠は鬼神を動かす
諸老皆英物　咄嗟應回春	諸老は皆　英物　咄嗟に應に春を回

らすべし

定知叛得万國未有之良方	定めて知る　万國の未だ有らざるの良方を叛り得て
活取八十餘万人	活取せん　八十餘万人

　南岳はここで医学復興を主張するが、それは第三首「疫瘡瘟　傷古方廢棄也」に見られる、「三農」が持つ疫病に関する智慧と関係があるだろう。この第五首でも「老工」や「諸老」の語があることからもそれがわかる。「老工」や「諸老」の智慧に基づいて「良劑」や「良方」を開発せよ、と述べているので、この「良劑」「良方」は西洋から輸入した最先端医学のそれではないであろう。第七句にある「驗疫（検疫）」と「診断」の二語は、第四首の「衛生」とおなじく、明治期に生まれた医学・衛生学用語である。南岳は、東洋伝統の医学と、「驗疫（検疫）」と「診断」に代表される西洋医学とを対比させて、前者の優位性を指摘している。

　詩の末句に「八十餘万人」とあるが、これは大阪市の人口。明治44年の「大阪市人口統計書」によると、明治33年の大阪市の人口は、88万1344人であった。

⑥　　不如息　　憫小吏匆忙　　息ふに如かず　　小吏の匆忙たるを憫む

東奔西走勞亡極	東奔西走　勞 極まり亡し
唁病問健致我力	病を唁ひ健を問ふて我が力を致す
爲吏未知今日忙	吏と爲り未だ知らず　今日の忙しきを
片心只欲報邦國	片心 只だ欲す邦國に報いんと
或云在禦邪	或いは云ふ 邪より禦るに在りと
或云要良藥	或いは云ふ 良藥を要むると
爾曹奔走眞徒爾	爾曹 奔走するも 眞に徒爾たり
無寸效兮無些益	寸效も無し 些益も無し

無益無効不如息　　益無し　効無し　息ふに如かず

　明治12年に「中央衛生会」が設置され、その年の暮れには、府県には「衛生課」、町村には「衛生委員」が設けられた。南岳「新樂府」第六句では、ペスト対策のため、奔命に疲れた、衛生課の役人や、衛生委員を憐れみ、休んではどうかと呼びかける。

　加藤秀俊［著者代表］『明治・大正・昭和　世相史』[12]によると、明治33（1900）年1月15日に、東京市役所がペスト予防のため一匹五銭で鼠の買い上げを実施している。これと同じ施策は大阪市でも実施されたであろう。大阪市の役人たちも、このような業務に追われ、しかもペスト予防に効果を挙げることができなかった。

⑦　　矩爲方　　嘆乏運用之妙也　　矩　方を爲す　　運用の妙の乏しきを嘆くなり

　　矩爲方　規爲圓　　　矩　方を爲し　規　圓を爲す
　　大匠誨人必用此　　　大匠は人に誨ふ　必ず此を用ゐよと
　　悠悠天地千古然　　　悠悠たる天地　千古　然り
　　何由良匠天下少　　　何に由りてか　良匠　天下に少なき
　　皆言巧思不可傳　　　皆　言ふ　巧思　傳ふ可からずと
　　良相良醫亦爾爾　　　良相　良醫も亦た爾くの爾し
　　墨守死法不爲賢　　　死法を墨守するは賢と爲さざるなり

　「矩」はコンパスのことで、円を描くために用いる。「規」はさしがね（かぎ型のじょうぎ）のことで、方形を描くために用いる。南岳はこの第七首で、円や方形を描くためには規矩が必要ではあるが、規矩の機能に盲従して、天地の持つ自然を忘れて物を作ってはならないことを述べる。

―――――――――――
12）社会思想社、1967年。

88

　第七首は、おそらく『荘子』駢拇篇の以下の一節を踏まえているであろう。

　　天下有常然。常然者、曲者不以鉤、直者不以繩、圓者不以規、方者不以矩、附離不以膠漆、約束不以纆索。故天下誘然皆生、而不知其所以生。（この世界にはもともとの一定したありかたがある。もともとの一定したありかたというのは、曲がっているものは鉤（まるがね）で曲げたわけではなく、まっ直ぐなものは繩（すみなわ）をつかったわけでなく、丸いものは規で丸くしたものでもなく、角のあるものは矩（さしがね）で角づけたものでもなく、くっついているものも膠（にかわ）や漆（うるし）によったのではなく、束（たば）にくっついたのも纆（ひも）や索（なわ）でくくったのではない。〔みな自然にそうあることだ。〕だから、世界中のものはみな次々と生まれてくるが、どうして生まれてくるのかはわからず、みな同じように自らの立場を占めているが、どうしてその立場を得ているのかは分からない。〔金谷治訳〕[13]）

　南岳の詩では、規矩は必ず使って木材を加工するようにと「大匠」が教えるものだと述べられているので、一見すると、上の『荘子』の趣旨と相反するようだが、この詩の末句で「墨守死法不爲賢」と、決められたやり方を墨守してはならないことが述べられているので、やはり、規矩を使いながらも、そこに宿る自然に委ねるべきだとの意を読み取ることができる。そして、なによりも、第四句「悠悠天地千古然」が『荘子』の「天下有常然」と同じことを述べているので、『荘子』とあわせて読めば、この詩の趣旨が明確になる。

　ペストの流行という未曾有の経験に、おそらく明治政府も地方政府も西洋医学・衛生学の教理に則った対応しかできていなかったのであろう。

13）金谷治［訳注］『荘子』、岩波文庫。

そもそも、政治をつかさどる宰相にせよ、人の健康・病理をつかさどる医者にせよ、その術に秀でたもの（名相・名医）は「巧思」を体得しているものの、巧思は言葉で伝承できないものだ、と南岳は言う。そして、自然の妙理を巧みに運用することでこの危機に対処できると言いたいのであろう。

⑧　　追加　　憫細民困苦也　　　追加す　　細民の困苦を憫むなり

追加追加諸税加　　追加す　追加す　諸税 加はる
遮斷遮斷四隣遮　　遮斷す　遮斷す　四隣 遮(さへぎ)らる
商賈不便物價騰　　商賈は便ならずして　物價は騰(たか)し
貧厨近來寒如冰　　貧厨 近來 寒きこと 冰(こほり)の如し
物貴猶可爲　稅重不可支　物の貴きは猶ほ爲す可し　稅の重きは支ふる可からず

第八首は、もろもろの税金が追加で課され、庶民が苦しんでいることを憐れんでいる。庶民は追加課税だけでなく、物価の高騰にも苦しんだことが、この詩からわかる。

⑨　不可測　　感人工之妙也　　　測る可からず　　人工の妙に感ずるなり

越累珊血洗　可以救瘟疫之毒　　越累珊(エルサン)の血洗(けつせい) 以て瘟疫の毒を救ふ可し

銳氣子光線　可以察臟腑之伏　　銳氣子(エキス)の光線 以て臟腑の伏を察す可し

莫羨夸父逐日脚　　夸父の日を逐ふ脚を羨む莫かれ
莫駭愚公移山力　　愚公の山を移す力に駭(おどろ)く莫かれ
人工之妙不可測　　人工の妙 測る可からず
人工之妙不可測　　人工の妙 測る可からず

90

　南岳の『新樂府』第一首から第七首までは、西洋医学を否定する論調が基調となっていたが、第九首では一転して、南岳は、西洋の最先端科学・医学への感銘を隠さない。南岳の自筆校本『七香齋吟草』では、この詩の書眉に「翻江留左武也」の六文字が書写される。「江留左武」は、ペスト菌の発見者である、アレキサンダー・エルサン（Alexandre Yersin）のことで、南岳は漢詩文にこの名前を詠み込むために、エルサンの漢字表記「江留左武」をさらに「越累珊」に変えた（「翻」）のである。エルサンは、ペスト菌発見以後もウマを免疫して得た抗ペスト菌血清を用いて血清療法を試み一定の成果を得ている[14]。南岳詩の「血洗」はこの血清のことである。

　第三句「鋭氣子光線」はX線のことであろう。ヴィルヘルム・レントゲン（Wilhelm Conrad Röntgen）がX線を発見したのは1895年であり、翌年には、「ネイチャー」誌にレントゲン自身が撮影した人間の手の指の骨の写真が論文とともに掲載された。さらにこの報告はアメリカの科学雑誌「サイエンス」にも掲載され、またたく間に世界中に知れ渡ったという[15]。南岳が1900年に「新樂府」に、エルサンの抗ペスト菌血清と、レントゲンのX線を詠んでいるのは興味深い。

　第五句「莫羨夸父逐日脚」は、『列子』湯問篇にみられる、夸父が太陽を追って隅谷まで至った伝承を用いる。第六句は、「愚公、山を移す」の故事を用いた表現で、これもまた『列子』湯問篇を出典とする。中国の神話・伝承の世界を現実のものとしたような、西洋科学技術の進歩を、南岳は「人工の妙」と呼び、それが自分の予測を超えていることに驚いている。

14）アンリ・H・モラレ、ジャクリーヌ・ブロソレ『見えない敵との闘い　パストゥール最後の弟子エルサンの生涯』、瀬戸昭［訳］、人文書院、2015年。
15）平凡社『世界大百科事典第二版』「X線」、細谷資明［執筆］。

⑩　　誰拔　　嘆良民日減也　　　誰か拔す　　良民の日に減ずるを嘆
　　　　　　　　　　　　　　　　　　　　　　　　　くなり

　　誰拔嘉禾養莠稂　　　　誰か嘉禾を拔きて莠稂を養はん
　　誰斃良民養不良　　　　誰か良民を斃して不良を養はん
　　不良素多良民少　　　　不良は素より多く　良民は少なし
　　少者更減多者昌　　　　少なき者　更に減じて　多き者　昌んなり
　　髯蘇曾嘆天下事　　　　髯蘇　曾つて嘆く　天下の事
　　嗚呼其如百万之虎狼　　嗚呼　其れ百万の虎狼の如し

南岳「新樂府」は、当世から良民が日々減少していることを嘆いて終わ
る。「嘉禾」とは、よい作物。「莠稂」は雑草のこと。「髯蘇」とは、ひげ
を生やした蘇東坡（北宋の蘇軾）のこと。蘇東坡は天下の事について嘆
いたとあるが、具体的に何のことを指して言っているのか、今回の調査
では不明なまま終わった。そして南岳もこの詩で、どのような「不良」
の民が増えていることを嘆いているのかは、不明である。後考を待つ。

5

　以上、藤澤南岳「新樂府」十首について注解を試みた。これで、同作
は、明治32（1899）年に始まったペストの流行を背景として作られたこ
とが明らかとなった。そして、第九首以外は、西洋医学・衛生学への不
信を表明し、かつまた『荘子』『列子』など中国の思想書に見られる伝統
の道、または、伝統的な東洋医学に解決策があると主張している。――
これが同作の制作動機であったと結論づけることができる。南岳は、
health あるいは hygiology などの訳語であり、西洋から輸入された科学
である「衛生」を否定し、この「衛生」の出典となった『荘子』の、「衛
生の経」すなわち「純粋な一つのものを内に守っていくこと」に戻るべ

きだと唱えているのである。

　その一方で、第九首では、エルサンの抗ペスト菌血清やレントゲンの
X線への感動を率直に詠う。これは、実は南岳には西洋医学が身近にあ
ったことが影響しているのかもしれない。南岳の三男、驎之助は、三崎
厚齋の養子となり医学の道に進んでいる。「新樂府」を書いた明治33年
の2月には、南岳は驎之助が軍医として勤務する九州・小倉に至り、息
子の上司にあたる、西部第十二師団軍医部長、森林太郎（鷗外）に面会
している。第九首だけ、「新樂府」十首のなかで異色を放つのも、このよ
うな背景があったからかもしれない。

富岡謙蔵研究の現状と
展望に関する覚書
—— 内藤文庫所蔵資料の利用価値に触れて ——

陶　　　徳　　　民

　今年三月に出版した拙編『内藤湖南の人脈と影響 —— 還暦祝賀及び葬祭関連資料に見る』の「付録一　富岡謙蔵関係資料」に、渡清記念葉書「燕京鴻雪」（1910年秋）と「江南夢影」（1911年夏）、および富岡謙蔵葬儀関連資料（追悼会記念葉書、式次第、案内と参会者芳名録など）が収録されている[1]。これらの資料の収録を決めた理由は、湖南は早くも1907年京都帝国大学奉職前から謙蔵とその父・富岡鉄斎と交流があり、一方の謙蔵が1908年より湖南が担任する史学科東洋史講座の講師として着任してからは、ずっと湖南に協力し、授業と資料収集、国内外の調査出張および学会・雅会の運営など各種事業の推進に尽力していたからである。

　謙蔵は、湖南と鉄斎という二人の巨匠の影に隠れていたため、その存在と業績はこれまで充分に検討されてこなかったとはいえ、近年、いくつかの注目すべき研究が出てきた。この機会で、研究史を振り返り、内藤文庫所蔵資料を利用して研究をさらに推進する可能性を探りたいと思います。

1）関西大学東西学術研究所資料集刊50、2022年3月。

1　近年における富岡謙蔵研究の概況

　富岡謙蔵（1873-1918）、名ははじめ建三のち謙三、明治40年代前半より謙蔵と称し、字を君撝、号を桃華といった[2]。最近の四半世紀に、謙蔵に関する研究が着実に進展し、管見の限りにおいて、その主な成果は以下の三つがある。

1）成家徹郎「日本人の甲骨研究 —— 先駆者・富岡謙蔵と林泰輔」（1999年）

　1999年は甲骨文が発見されて100周年にあたるという節目の年であり、関連の国際学術会議が同年4月に南京で、8月に河南省の安陽で開催された。古文字研究家の成家徹郎氏が、この機会を捉えて、日本における甲骨学の展開を振り返ってみた。その研究によれば、「日本に最初に甲骨が入ってきた時期を考えるに当たっては幸いにもいい資料が残されている。発表された年代順に挙げると、まず林泰輔が一九〇九年に「清国河南省湯陰県発見の亀甲牛骨に就て」を『史学雑誌』に発表した。翌年には富岡謙蔵が京都大学史学研究会で「古羑里城出土亀骨の説明」と題して講演を行った。この内容は同年に出た『史学研究会講演集』第三冊に収録された。それからしばらくして一九一九年に林泰輔は「殷墟の遺物研究に就て」『東亜之光』に発表した。」そのうち、富岡の講演録は「容易に見ることができる資料ではなかったので、富岡謙蔵の甲骨に関する研究はほとんど知られていなかった。実は、富岡が講演の中で、「日本では自分が一昨年四十一年（一九〇八年）の冬の頃、京都文科大学で史学科の学生に紹介した（成家注：富岡氏は一九〇八年九月に京都大学講師

　2）柏木知子「富岡謙蔵小伝」（出典情報は後述）

に就任)。その後も研究を続けておったが、昨年八月から十月までの東京の『史学雑誌』に林泰輔君の考証が出た。同君のはなかなか精密な研究であって是まで自分の見た亀骨に関するものでは是が一番詳しい」と述べている[3]。

2) 杉浦利之編『夭折の大学者富岡謙三：親交の書翰集（含鉄斎翁書翰三通)』（2008年）

　本書翰集は、富岡謙三から杉浦利挙（1876-1958、雅号は丘園）へ宛てた手紙五十数通を集めたものであり、京都で生まれ育ち親友となったふたりの交友を示すものだが、同時に京都の学芸の世界の一端をのぞかせてくれる貴重な書物である。編者杉浦利之は利挙の孫、利挙は有名な商家の末裔で古物蒐集家であった。その「丘園随想」によれば、「私の若い頃から後に至るまで親しくして頂いた名家が三人ある。富岡謙藏氏は鐵齋先生の令息で、後には京都帝國大學文科大學講師となられ、特に漢式鏡の研究で名が高かった。富岡家とは廻縁の關係にあつたので、謙蔵氏とは子供の時からの遊び友達であり、この年長の友の考古學者としての面が、また私の考古癖を育てるもとなつたのである。」（ほかの二人は山本行範と猪熊浅麻呂）、「このようなことで、長い年月に集めたものは何千點か萬を以って数えるか、實は自分でも判らない。あとからふえて整理が出来ていないことはお恥しい次第である。倉や室や庭やいたる所、古物充満して、入用のものを探し出すことすら困難である。しかし以前には多少整理もし、少しでも學界のお役に立てたいと思って、自費出版をしたことも」あり、いずれも非売品で同好に謹呈するものであったそ

---

3) 成家徹郎「日本人の甲骨研究—先駆者・富岡謙蔵と林泰輔」。『月刊しにか』（第10巻第12号、1999年11月）。成家氏は、「これは日本の大学で行われた甲骨に関する最初の講義である」と指摘している。しかし、これは授業として教室で行われた講義ではなく、史学研究会で行われた講演であったことが、成家氏ご自身による紹介でも明らかになっている。

うである[4]。その主な編著、四巻本『雲泉莊山誌』（巻之一　慶長年間刊行本；巻之二　江戸時代之書目；巻之三　石門心學に關する圖書及資料；巻之四　慶長以前記年號資料）中の三巻には、それぞれ内藤湖南（虎次郎）、狩野君山（直喜）と小川如舟（琢治）の揮毫による題箋がある[5]。

3）岡村秀典「古鏡研究一千年 ── 中国考古学のパラダイム」（2011 年）

　文中の「四　戦前における日本の中国古鏡研究 ── 編年重視の考古学」において、「濱田耕作は富岡の死後に刊行された『古鏡の研究』の序文のなかで、富岡が文献学的研究よりはじめ、型式学的研究へと展開したと指摘する。漢鏡銘を古文献から考証した富岡の研究は、濱田のことばを借りれば、確かに従来の「典籍の索引的繙読を事とする徒輩の能くする所」ではなかったかもしれない。しかし、カールグレン（Karlgren, Bernhard, "Early Chisese Mirror Inscriptions", *Bulletin of Museum of Far Eastern Antiquinins*, No. 6, 1934）が逐一にあげつらうように、富岡の鏡銘の釋文にはが誤読が少なくなかった。富岡のめざした目標は鏡式の設定とその編年にあって、個々の銘文の釋読に心血を注いだ清朝の金石学者とはベクトルがちがっていたのである」と述べられている[6]。これによれば、1920 年出版の謙蔵遺著『古鏡の研究』（富岡益太郎発行、丸善賣捌）が 1930 年代にすでに西洋の学者の目に止まったことが分かる。

4）杉浦利之編『夭折の大学者富岡謙三：親交の書翰集（含鉄斎翁書翰三通）』（柳原出版、2008 年）、124-126 頁。
5）同上、伊東宗祐「序にかえて」。
6）岡村秀典「古鏡研究一千年─中国考古学のパラダイム」、『東洋史研究』第 69 巻第 4 号、11-12 頁。

4）柏木知子「富岡謙蔵小伝」（2013 年)[7]

　柏木氏の小伝は、これまで富岡謙蔵に関するもっとも詳細な伝記であり、特に評価すべき点は、謙蔵が果たした役割や夭折に至った背景などが明らかにされていることである。

　まず、初期京都帝国大学附属図書館の和漢籍コレクションの形成に貢献したこと。いわば、「明治 32 年 12 月、京都帝国大学附属図書館が開設される。初代館長に就任した島文次郎は、蔵書家として名高い鉄斎を早速に訪ね、この折に富岡家、山本行範、熊谷浅麿、山田永年などに代表される京都の蔵書家たちは、筐底に秘した和漢籍に関する広範な知識を養っていた。千年の都にに根付いた文人文化を矜持とする知識人と、新設されたばかりの国家の高等教育および研究機関に属する新進気鋭の学者たちが交わることは困難に思われたが、新奇を好む富岡家は知識とコネクションを積極的に提供した。その学殖と功績を買われて謙蔵は、36 年に京都帝国大学附属図書館和漢目録の編纂を嘱託される。附属図書館の和漢籍蒐集と 39 年の文科大学開設に富岡家が果たした役割の大きさは、恩恵にあずかった多くの人々が認めるところであろう。」

　次に、父・鉄斎の偉大な画業を陰で支えたこと。「明治 30 年代半ば、鉄斎が 70 歳代を前後とした頃から画家としての名声は益々高まり、富岡家には書画の依頼者が押し寄せる一方、乗じて暴利を貪らんとする輩が集まってきた。万事において父鉄斎のことを第一としたは、依頼者との交渉をはじめ、日常の書画制作の助手のみならず、短期の調査旅行や屏風といった大作の依頼先への随行、また鉄斎のライフワークである古人の顕彰活動の一環としての石碑建立や追善供養の執行に尽力し、さらに交際範囲の広い父の代行で葬儀に出席するなど多忙を極めた。碩学神田喜一郎は「鉄斎翁が何一つ煩わされることなく、真に優遊自適の日日を

---

7) 『鉄斎と謙蔵：富岡謙蔵生誕一四〇年記念』所収、鉄斎美術館、2013 年 3 月。この小伝の改訂版「鉄斎と謙蔵」は杉村邦彦先生が主編の『書論』第 39 号に掲載されている。

送り、あれだけの偉大な画業を完成せられた裏面には、先生のそうした犠牲があったので、それは今日も知る人が少ない。わたくしは、おそらく親しい友人をしても想像におよばないほどであったろう。美しい親子はないと思っている」と述べている。」

そして、夭折にいたった背景は次の通りである。「大正7年9月末、謙蔵は癌のために病床につく。この年は多忙で5月3日には前年に父鉄斎が帝室技芸員を拝命したのを受けて、知友と家族が集う謙蔵主催の祝賀会が行われ、9月24日には家学である石門心学の祖石田梅岩の175年祭並前年正五位追贈奉告祭をした。次いで10月12日には、呉歴没後200年を記念して四王呉惲展を開催する運びであったが、病に倒れ果たされることはなかった。謙蔵は杖の力が必要になっても、毎朝必ず両親の隠居所に挨拶に行ったという。ほどなくして12月23日に46歳で永眠。25日に密葬、27日寺町四条大雲院に於いて本葬が執り行われた。」現在、西京区の是住院内にある墓石には、鉄斎の原跡になる「富岡謙蔵之墓」とある。発表に到った論考は少なく、没後に刊行された『四王呉惲』、『古鏡の研究』、『桃華盦古鏡図録』が著述としてしられている。」

2 関西大学内藤文庫所蔵富岡謙蔵関連資料を生かす研究の可能性

かつて『内藤湖南全集』の最終巻である第十四巻（1976年出版、筑摩書房）を読んだ時、334頁から657頁からという233頁にわたる和文「書簡」類の存在に驚きを覚えた。なぜならば、それらは、全部湖南から発信したもので、中では絵葉書が大半占めているからである。巻末に付されている「書簡索引」に、富岡謙蔵（謙三）宛てのものは、112通である。数として、湖南が出張先から妻の郁子に送った130通に次ぐ二番目の多さである。しかし、なぜ謙蔵が受信したものが湖南の収蔵になったのだ

ろうか。湖南の蒐集癖を知っている富岡家の遺族がすすんで生前の湖南に贈呈したのか、それとも全集が編纂された時に、湖南の長男乾吉の依頼に応じて提供したのか、いまやそれを知る由がない。ともかく、乾吉が「あとがき」において、「書簡は編者の努力が足りなかった、というよりも最初から徹底的に集める心構えをしていなかったため、その蒐集の結果は、著者の交際の範囲から考えて甚だ不足で、且つアンバランスのあることを認めざるを得ない。それにもかかわらず、ともかくこれだけでも集め得たのは偏に資料を提供して下さった方々や情報を提供して下さった方の御好意の賜であり、ここに一々尊名を挙げないが、深く感謝の意を表する次第である」と述べている。

　最近の調査では、関西大学内藤文庫所蔵富岡謙蔵関連の書簡の概況は次の通りである。「封筒なし、富岡謙蔵と印刷されている赤い紙に手書きの文あり」という1通のほかに、湖南宛ての鉄斎書簡が3通あり、「内藤・富岡」が受信した「発信者」不明のものは1通（中に名刺2枚が含まれている）、「狩野・内藤・富岡」に宛てた羅振玉の1通がある。これに対して、従来注目されていなかった絵葉書類の中で、湖南に宛てた謙蔵のものは約72通があり、発信時期はだいたい1903年から1910年までという状況である。

　以下で、これら絵葉書中心の資料を生かす富岡謙蔵研究の可能性について、2、3の提案をさせていただきたいと思う。

1）京都帝大奉職前後の湖南と謙蔵の関係に関する研究

　上述のように、湖南発信・謙蔵受信の絵葉書は約110通があり、謙蔵発信・湖南受信の絵葉書は約72通がある。別々扱う場合、発信時期がはっきり判明できない場合が多いため、内容判定上の困難もよく発生するのがいうまでもない。いま、この両方を把握し、リンクすれば、発信期日の特定や応答内容の確認などもしやすくなるはずである。

例えば、日露戦争後期のものとして、奉天にいる湖南が謙三に宛てた次の1枚がある。

　　一九〇五年九月二十八日
　　出征滿洲軍総司令部衛兵宿舎より
　　京都室町中立賣上ル・富岡謙三宛（絵ハガキ）。
　　蒙古滿洲二種の蒙古源流は目下實物大の青色寫眞に調製中これは試
　　驗用に御座候
　　飛龍閣中八百件の銅器はこの方面の研究に非常の利益を與へ候、幷
　　せて御報申上候
　　（乾吉の注：※滿文、蒙文蒙古源流寫眞。瑜補滿洲寫眞帖の第十八圖
　　と同じもの。）[8]

　筆者は、かつて「内藤湖南の奉天調査における学術と政治 ── 内藤文庫に残る1905年筆談記録をめぐって」（『アジア文化交流研究』創刊号、2006年）を書いたことがあり、その背景をよく理解できる。当時の湖南は大阪朝日新聞の論説記者であったが、外務省嘱託として奉天を中心とする満洲軍占領地の民政調査を実施する傍ら、自ら興味を持つ書物と文物の調査も行っていた。一方、「明治37年2月、謙蔵は附属図書館の任を解かれると、5月には浄土宗第五教区宗学教校国語科教員となり39年3月に退職するまで務めた。そして41年9月1日に京都帝国大学文科大学講師を嘱託されてからは、中国金石学と宋代史の講義を受け持ち、内藤湖南、狩野君山らとともに東洋史学分野における京都学派の発展の一

8）書簡121号、全集第14巻、413頁上段。なお、1905年の絵葉書が比較的に少なかったことについて、乾吉が次のように説明している。「明治三十八年の支那旅行中に湖南が家へ出した書簡は五通残っているだけであり、それが皆絵ハガキであるのは、郁子の遺品であるハガキアルバム中にあったものであるからである。その他にも封書や官製ハガキがあったはずであるが、数年前、書庫の中から白蟻に喰われている手紙の束を發見して焼却したことがあり、その中に含まれていたかも知れない」と（同414頁下段）。謙蔵関係の絵葉書の一部は郁子の遺品であるハガキアルバムに入っている。

翼を担うことになる」という柏木氏の記述によれば、当時の謙蔵は宗学校の国語科教員を務めているそうである。両者がともに、蒙古語・満洲語の『蒙古源流』や関連の銅器800点の存在に深い関心を寄せていた。この時期のやり取りはこの一件に限らず、約10件に上っているので、それらを並べて流れを追ってみれば、まだ在野の立場にありながら「国士」の風格を有するこの二人の文史研究者の標的と取組の全体像が見えてくるはずである。

2）明治後期の関西に活躍した古物蒐集家・古跡探訪家グループの研究

　先に触れた杉浦利挙の「丘園随想」は、由緒のある雑誌『史跡と美術』第284号（昭和33年七月号）に載っているものである。同号に「あとがき」を書いた梅原末治京都大学教授が次のように述べている。「杉浦丘園氏を知つたのは、恩師富岡謙蔵先生との縁によるものである。その高雅な人格の故に、四十年を越える長い年月變らぬ御交誼を願っている。壯年時代の丘園氏は熱心な考古家であり、みずから撮影された當時の古墳の寫眞などには、今日他にない貴重な資料が少くないはずである。はじめ和鏡などの金工品を蒐集されたが、他の多くのものも長年にわたつて集められた。富岡先生などは、これを雅樂多と冗談をとばされたが、それは多種多様の蒐集に對する親密感のこもるひやかしであった。今回杉浦氏の自叙傳が本誌に掲載されることは、考古界の古老であり、本會の最古會員である杉浦氏に、會員諸氏が親しまれる意味において、結構なことである」と[9]。

　ここにいう「本誌」たる『史跡と美術』は「史迹美術同攷会」の会誌であり、その由来は当該学会のホームペイジの紹介によれば、「史迹美術

9）前掲杉浦利之編『夭折の大学者富岡謙三：親交の書翰集（含鉄斎翁書翰三通）』、126頁。

同攷会は日本石造美術研究のパイオニアである川勝政太郎（1905-1978）
先生が主幹として 1930 年に設立された任意の研究会です。会の主な活動
は雑誌『史迹と美術』（月刊、A5 判、30 ページ強、4 月・10 月は休刊）
の発行と、毎月第 2 日曜日に行われる文化財の見学会（例会）です。会
誌の発行も例会も戦中戦後も途絶えなく続けられてきました。石造美術
にかぎらず歴史・考古・美術史・建築史・庭園史など幅広い諸分野の、
研究・普及に大きな役割を果たしてきました。近年では当該分野の専門
家による講習会も行っています」となる。

　謙蔵の湖南宛て絵葉書を通覧してみれば、この「史迹美術同攷会」の
原型の一つはある意味で、明治後期の関西に活躍した謙蔵（1873-1918）・
幸田成友（1873-1954）・上村観光（1873-1926　閑堂）という同年生ま
れの同好者グループに見出せるだろうと言えるかもしれない。なぜなら
ば、謙蔵が旅行先で代表として発信した葉書によく閑堂の署名が見え、
時には幸田成友の名前も連ねているからである。上村観光について、堀
川貴司氏の労作『上村観光来簡集『交遊帖』解題と翻刻』における紹介
によれば、「五山文学研究の開拓者で、高野山大学教授、臨済宗大学（現・
花園大学）教授を務めた」、「京都禅宗界と東西アカデミズムを結ぶキー
パーソンになっていた」人物であったという。来簡者は近重真澄、松本
文三郎、荻野仲三郎、藤井乙男、辻善之助、黒板勝美、林泰輔、瀧精一、
（不明）、鳥居素川、結城素明、島文次郎という、大正期の仏教学・美術
史学・漢文学・国文学・国史学等々を代表する学者たち」であり、その
うちの近重・松本・荻野・藤井・辻・黒板らは観光が主筆を務めた月刊
雑誌『禅宗』にしばしば寄稿している」という[10]。一方の幸田成友につい
て、堀川氏が次のように紹介している。「歴史学者。慶應義塾大学教授・
東京商科大学教授。日本経済史・日欧交渉史を専門とし、蔵書家として
も知られ、両大学に「幸田文庫」がある。露伴は兄。妹の延・（安藤）幸

10）堀川貴司『上村観光来簡集『交遊帖』解題と翻刻』、『花園大学国際禅学研究所論叢』
　　第 12 号、2017 年 3 月、161-162 頁。

は共に音楽家。成友は、明治三四年大坂市史編纂主任となり、四二年まで勤務、その後京都帝国大学講師を一年務め、四三年に慶應義塾大学教員となった。この間、訪書のため休日は京都・奈良に出かけ、京都では富岡謙蔵（鉄斎の子）と知り合い、その紹介で上村観光とも知遇を得、三人でよく酒を飲んだという（『幸田成友著作集』七所収「富岡家三代」）。震災時は、慶應義塾大学教員および東京商科大学予科教授兼同大学助教授」と紹介している[11]。

　かつて懐徳堂を研究していた時、幸田成友が編纂兼発行の『懐徳堂舊記』（1911年）という貴重資料集に触れたことがあったので、その人物に興味をもっている。上記「富岡家三代」を含む幸田の回想録『凡人の半生』と関連著述を調べた結果、幸田はただ単な蔵書家だけでなく、書誌学者でもあると思うようになった。幸田は1893年帝国大学に入学、1896年卒業のいわゆる「明治29年卒業生」であった。京都帝国大学の開設は翌明治30年、1897年のことである。その回想によると、「高材逸足期を同じうして集り、後日大いに天下に名を揚げたため、二十九年卒業生の肩書は一種の栄称たるに至つた。誠に東京（の）高中出身者について数えると、哲学に桑木嚴翼・滝精一・建部遯吾、史学に原勝郎、国史に内田銀蔵、国文に武島又次郎（號羽衣）大町芳衛（桂月）、英文に島文次郎、言語に小川尚義の諸氏あり、その他の高中出身者には哲学に姉崎正治（號嘲風）高山樗牛（林太郎）、史学に瀬川秀雄、国文に笹川種郎（號臨風）・黒板勝美・喜田貞吉、漢文に桑原隲蔵、英文に畔柳郁太郎、言語学に金澤庄三郎氏がある。自分の如き不肖も是等諸兄の間に伍したればこそ、辛うじて今日あるに至ったので、論語にある益者三友の一節につくづく感服する次第である」と[12]。その同級生の中に、京都帝大に教鞭をとる人は少なくなかったため、1901年から1909年まで最初の市史である大阪市史の編纂主任を担当している間、決して寂しい日々ばかり

---

11) 同上、168-169頁。
12) 幸田成友『凡人の半生』（共立書房、1948年）、126-127頁。

ではなかったように思う。事実、『京都帝国大学文学部三十年史』に、幸田が1908年から1911年まで国文学の講師、1909年から1912年まで国史の講師をつとめていると記載している[13]。

　幸田は後年、富岡謙蔵と上村観光との出会いを次のように語っている。

　　今から四十年前、自分は大阪市役所に奉職し、数年間同地に滞在した。當時の大阪は読書人には甚だ住悪い土地で、圖書館も無ければ美術館も無く、博物館といふのが申し譯的にあった位で、自分は日曜の一日を京都や奈良で通すことが多かった。そうして京都へ行けば、必ず室町中立売の富岡家を訪問するを例とした。

　　自分は下阪してから間もなく京都で催された或会合で富岡謙蔵氏を知った。それから同氏の紹介で河原町荒神口の上村観光氏と相知るに至つたと覚えるが、此の方が記憶定りしない。兎に角爾来三人は水魚の交を訂し、会へば必ず口角泡を飛ばし、觴を挙ぐるに至れば談論愈々風発して興の尽きることををを知らなかった。三人とも教育を異にし、専門を異にし、また身分職業を異にしてゐる。三人に共通なのはただ生年（明治六年）だけであった。三人の深交は所謂馬が合ったからで、それ以外に説明は出来ぬ[14]。

　帝大生時代の幸田は、坪井九馬三先生より瑞西近世史、箕作元八先生より宗教革命史、ランケの弟子であるリース先生の世界史と独逸近世史、黒川真頼先生から古事記、星野恒先生から日本書紀、栗田寛先生から古語拾遺、田中義成先生から織田豊臣時代史、三上参次先生から徳川時代史初期などの講義を受け、また史料編纂所の事業の手伝いとして各地へ史料採訪を行ったため、古書蒐集が一つの嗜好となった。従って、「飽学の士」と自負する幸田が大阪に来た当初、現地の文化施設の足りなさに

13)『京都帝国大学文学部三十年史』（1935年）、292-295頁。
14) 同注12、235-236頁。

不満をもっていたわけである。当時、古典講習科漢書課出身の大阪朝日新聞社主筆西村天囚（時彦、1865-1924）と『関西文運論』（最初は同紙連載、単行書として出版時は『近世文学史論』に改題）で一躍有名になった同社記者の内藤湖南がこの現状を変えるために、相当の努力を払い期待していたということは、1903 年春に図書館に奉職するために大阪に来た今井貫一（大阪府立図書館初代館長）が西村逝去後に書いた追悼文「碩園博士と圖書館」と湖南逝去後に書いた「内藤湖南先生を偲ふ」からも窺うことができる[15]。そして、やはり西村がリーダーシップを取って創設した大阪人文会（1909 年 8 月創立、初代会長今井貫一）、財団法人懐徳堂記念会（1913 年 8 月）や重建懐徳堂（1916 年 10 月）などがあり、また西村自身は 1916 年 10 月より 1921 年 8 月まで京都帝大の支那文学講師をつとめている[16]。

　いずれにせよ、幸田は富岡、上村および内藤湖南との切磋琢磨を通じて書誌関係の知識はより一層充実豊富になったことは疑いを入れない。幸田成友輯『蔵書印譜』（島原泰雄、渡辺守邦編印）に、この三者の名前が見えている。現に内藤文庫に、幸田発信の内藤宛絵葉書は約 20 通余り残っていることは、その証拠の一端と言えよう。なお、内藤の還暦を記念する『内藤博士頌壽記念 史學論叢』（1930 年）に、幸田も「天保改革の一研究」を寄稿している。晩年に出版している『番傘・風呂敷・書物』（書物展望社、1939 年）や『書誌学』（慶應通信教育図書、1949 年）も、その書誌学者としての資質と造詣を物語っている。

　同年生まれの仲間と言えば、国境を超える内藤湖南・羅振玉・蔣黼という 1866 年生まれの同好者グループもあったが、これについては石田肇氏の論文「羅振玉撰・内藤湖南書〈蔣黼墓誌銘〉をめぐって：蔣黼を中

---

15)「追悼本録」所収、『懐徳』第 2 号、1925 年、102-103 頁。『懐徳』第 12 号、24-28 頁。
16) 天囚の活動について、竹田健二氏の『市民大学の誕生—大坂学問所懐徳堂の再興』（大阪大学出版会、2010 年）に詳しいので、参照されたい。

心に三人の交友について」に詳しいので、参照されたい[17]。

3）関連学会や雅会における富岡謙蔵の役割とその先駆的発表に関する研究

　冒頭で、湖南と鉄斎という二人の巨匠の影に隠れていたため、その業績が十分に研究されてこなかったことを指摘している。関連学会や雅会の運営における富岡謙蔵の役割について、まず、京都帝大文科大学における次の三学会の由来に触れておく必要がある。

　A 史學研究會　「明治四十年史學科の開講後程なく、関係教官の間に發起せられ、翌年二月始めてその第一回例会を開いて、以後月一回の例と毎年一回の総会とを会規としてゐる。総会には東京その他の大学より講師を聘して特別講演を請ふ外、毎回史料の展観、見学等を催す例となつてゐる。（中略）その会合の席に於て發表せられた会員の研究業績は初め史学研究会講演集一──四並に史的研究（正続）として公刊せられたが、大正五年一月機関誌「史林」（季刊）の創刊せられて以降之に掲載せらるゝことなり、今日まで既に二十巻に及んである。この外、総会に於ける講演に因んで、天正年間遣欧使節関係文書、大館持房行状の特別出版をなしたこともある。」[18]。因みに、富岡は 1909 年より同会の評議員となり、1910 年に前述の甲骨学について、また 1911 年 6 月 11 日第十五例会に「金陵雑観」と題する報告を行った。上村は 1909 年 2 月 21 日第五回例会において碧山日録の著書に関する考証と題する報告をした。

　B 支那学会　「明治四十年十月の創立に係り、明治四十年十月の創立に係り、支那哲學・東洋史・支那文學三學科所属の教官生及び學外同好の士を含み東洋學研究を目的とするものである。最初は毎月例會を催したが、大正三年十一月はじめて大會を催し、敦煌発掘以来、支那學研究の

17）『群馬大学教育学部紀要 人文・社会科学編』第 48 号、1999 年。
18）『京都帝国大学文学部三十年史』、141-142 頁。

気運昂まると共に會の活動も著しく躍進し斯學研究の権威になるに至った。」[19]

　C 麗澤会　「大正七・八年の交、狩野直喜、内藤虎次郎両教授、西村天囚、富岡謙蔵両講師を中心に、支那文學科學生及び一般有志の者より成り作文研究の機関としたことがあった。」[20]

　上記のうち、支那学会とくに史学研究会のことはしばしば内藤宛富岡の絵葉書に登場している。富岡がその関わっていた学会や雅会の中で、筆頭主催者として活躍しているのは、大正期の壽蘇會という宋代の文豪蘇東坡を記念するサロンであった。

　一九一六年一月、壽蘇會は始めて開催された。その経緯について、長尾正和が次のように詳しく紹介している。

　　大正五年一月といえば、雨山が上海から歸國して京都室町に寓居を定めてから一年餘を經過し、その身邊もようやく落ちついた頃である。雨山は上海生活十餘年の間に、中國の人士とは屢々東坡生日の讌集を催したものであった。歸國して京都の生活もやや落ちつくと、日本でも壽蘇の會を催したいと考えた。この考えに雙手を擧げて賛成したのが富岡桃華である。桃華名は謙蔵、字は君撝、桃華はその號である。鐵齋翁の長子で、當時京都帝國大學文科大學講師であった。天才絕倫、廣く和漢の學に通じ、殊に支那學に於ては古今に亘り、書畫金石に至るまで究めぬところはなく、その博治の才學は、夙に識者の注目するところであった。氣象また豪邁にして而も勤直、雨山より少いこと八歳であったが、同じく室町に住み、常に相往來して、お互いに深く推服していた。桃華の人物氣象からしても、雨山の壽蘇會提案に對して、打てば響くように意氣投合した模様が察せられる。

19）同上、142頁。
20）同上、154頁。

桃華、雨山の間で計畫を練った結果、第一回の壽蘇會は大正五年一月二十三日、卽ち陰暦の乙卯十二月十九日、坡公の生日を期して圓山公園の春雲樓（左阿彌）で催すことになり、次のような案内狀を諸名士に發した。文は雨山の作である。

〔公啓〕嶽降三蘇。大節尤推玉局。世傳二賦。奇才曾賜金蓮。志在文章。具見經濟。像留笠屐。儼是神仙。生已有祠。飲食咸祭。壽猶如在。壺漿宜羞。月之二十三日。卽夏正乙卯十二月十九日。假座圓山春雲樓。敬請同人。爲公生日。地占東山之勝。在三十六峯之間。客乃當世之英。羅二十八宿之氣。一腔玉笛。誰有吹鶴南飛。雙調淸詞。人宜唱江東去。相迓投轄。共酹一尊。請速命駕。同契千古。不有陽春白雪之作。曷慰玄圃閬風之人。佇聽瓊瑤。用光雅會。

富岡謙藏

長尾　甲　同訂

　當日、右の招に應じて會した客は、京都から富岡鐵齋（百錬）、山本竟山（由定）、羅叔言（振玉）、内藤湖南（虎次郎）、狩野君山（直喜）、上村閑堂（觀光）、王靜庵（國維）、羅公楚（福萇）の八氏、大阪から磯野秋渚（惟秋）、西村天囚（時彦）の二氏、主人側は桃華、雨山の二人で、計十二人が集った。何れ劣らぬ風流雅人ばかり、座間の談話も定めし高揚したことと想像される。この日來會豫定の神田香巖（喜一郎博士の祖父君）、籾山衣洲、木蘇岐山、鈴木豹軒の四氏は病氣のため缺席した。大阪の博文堂主原田大觀（庄左衛門）は進んで會の周旋に任じた[21]。

　なお、雅会には所蔵物の相互開示と展観も行われたが、上村の出品も1点あり、富岡の出品数がもっとも多く、17点に上り、「尤熟于宋代掌故」という西村天囚の富岡評価を裏付ける証拠と言える。参会者の出品

21）長尾正和「京都の壽蘇会」、『書論』第五号、1974年。

した文献の詳細は次の通りである（下線は筆者が引いた）。

　　　○蘇文忠公行書眞跡詩卷○北宋拓醉翁亭記○宋刻明拓坡仙帖○舊拓齊州眞相院釋迦舍利塔銘○原石初出土本表忠觀碑○舊拓鹽官絕句殘石二段○舊拓乳母任氏墓誌銘○査初白補注蘇詩手稿○景宋紹熙本坡門酬唱二十三卷○沈子培書東坡生日詩（以上羅叔言藏）○明刊本蘇長公外記十二卷○立粹堂刊本蘇米志林三卷○全集零本東坡志林二卷○汲古閣刊本蘇氏易傳九卷○韻山堂刊本蘇文忠公詩編注集成首一卷目二卷總案四十五卷詩四十六卷帖子口號詞一卷眞像考一卷雜綴一卷識餘四卷牋詞圖一卷（以上木蘇岐山藏）○宋刻東坡殘石拓本（磯野秋渚藏）○東坡行書種橘狀○東坡行書送家安國教授成都詩（以上二種經訓堂帖）○東坡行書文與可畫竹石記（玉虹鑑眞手帖）○東坡行書昆陽城賦（穰梨館歷代名人法書帖）○東坡楷書祭黃幾道文○東坡行書答民師書（以上二種過雲樓藏帖）○重刻郭桐江畫東坡老梅圖拓本○東坡畫竹拓本○澁谷脩軒校刻東坡年譜一卷（以上山本竟山藏）○五山板覆元本劉辰翁批點東坡詩集零本（上村閑堂藏）○宋刻東坡象殘石拓本○摹刻惠州石本蘇文忠公象○赤壁蘇公象○道光摹刻南海東坡笠屐像○東坡先生洗硯圖○舊拓元裕黨籍碑○麥嶺題名○諸城題名○東坡行書歸去來辭○東坡行書洞庭春色賦中山松醪賦○初拓景蘇園帖○廣東刊本東坡事類二十二卷○眉山詩案廣證六卷○元祿覆板東坡禪喜集九卷○百東坡二卷○乾隆刊本石銚題詠一卷○宜興窯白泥仿東坡石銚式茶壺（以上富岡桃華藏）○東坡自寫小象拓本○東坡畫竹拓本○東坡印影二面子由印影一面○珂羅版成都西樓帖（以上長尾雨山藏）。

　　桃華と雨山はこの會の次第を編して一冊とし、乙卯壽蘇錄と題して鉛印に付して關係者に贈った。この冊は白唐紙二十七葉の二卷本で、題字は羅振玉、題畫（蘇公肖照）は富岡鐵齋、序文は雨山、西村天囚、次に公啓、來會者名、卷一は詩文、卷二が前記の陳列各件

111

で、各件につき詳細な解題がある。詩文は會に病氣缺席した籾山衣洲の七古、同じく病缺の木蘇岐山の七律三首、出席した磯野秋渚の七絶四首、西村天囚の七絶二首、雨山の七古一首のほか、附録として古川柳村の磯野秋渚の詩に次韻した七絶一首を收録している[22]。

　富岡は、翌一九一七年の丙辰壽蘇會も主催できたが、残念ながら、その次の年、一九一八年の丁巳壽蘇會には病気のために参加に及ばなかった。

　さて、学会における富岡の先駆的発表について、前述のように1910年史学研究会で行った「古㽼里 城 出土亀骨の説明」という報告はあり、成家徹郎がその研究史上の位置づけを林泰輔と並べて正当に評価している。また1916年支那学会で蓄音機を使用して「支那現代第一名伶譚鑫培」と題する講演も、おそらく日本における昆劇研究史上に先駆的意義があると言えるだろう。これについて、筆者による「書評　袁英明著『京劇名優・梅蘭芳と日本』（桜美林大学出版会、二〇二一年八月）」に言及している[23]。もし、富岡が1918年12月23日に逝去していなければ、約五か月後の1919年5月19日、20日に、きっと京都帝国大学の観劇団の一員として大阪市中央公会堂で梅蘭芳の公演を楽しみ、また彙文堂主人に依頼されて、内藤湖南、狩野直喜、藤井乙男、小川琢治、濱田耕作、鈴木虎雄、那波利貞、岡崎文夫、樋口功、青木正児、神田喜一郎および長尾雨山、田中慶太郎などと一緒に、同年9月出版の『品梅記』という観劇感想録に寄稿していただろうと思われる。幸いなことに、同月に「富岡謙蔵述・富岡益太郎著」による『四王呉惲』（博文堂）が確かに刊行されていた。

　いずれにせよ、富岡研究はまだ史資料を掘り下げて深めていく十分な余地があると考えられる。そして、内藤文庫所蔵関連資料は富岡研究の

---

22) 同注21。
23) 『渋沢研究』第35号（2023年1月）。

推進にとって大きな利用価値があるに違いないだろうと思うので、志を
有する新進気鋭な若手研究者の活用を待ちたいと思う。

謝辞
　本稿は、学内助成プロジェクト「内藤文庫および石濱文庫所蔵資料の調査と整
理に関する共同研究」（令和2年-3年　代表 玄幸子）と科学研究費補助金プロジ
ェクト「大正期日本の中国研究と第一次世界大戦前後の世界—内藤文庫所蔵資料
を中心に」（基盤研究B　令和2年-5年　代表 陶徳民）による研究成果の一部で
ある。
　なお、文末の写真9点は、すべて関西大学図書館内藤文庫所蔵の葉書である。
図書館の掲載許可を得ているので記して御礼を申し上げる。

図1　1910年秋北京出張で収集した甲骨・金石資料の一部

図2　1911年春南京出張時に撮った写真

図3　謙蔵の自画像

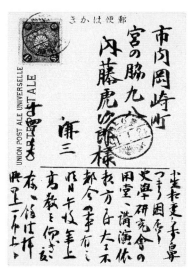

図4　上村観光（閑堂）が史学研究会の
　　　講演依頼に都合付かずとの報告。

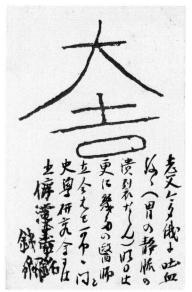

図5　鉄斎を看病するため、史学研究会
　　　の出席を断念する謙蔵の説明。

図6　鉄斎が快復されたので、湖南の放
　　　念を願う謙蔵の挨拶状。

図7　次女冬野が日露戦争中、1904 年 12 月 28 日に生まれたこと
　　を報告する謙蔵の挨拶状。

図8　上村観光（閑堂）の快復を知らせる謙蔵の挨拶状。

図9　1908 年 10 月 25 日　京大文科大学学友会の宇治見学に参加する方々。
　　（前月に着任した富岡東洋史講師と幸田国文学講師の名前も見える）。

近世近代絵画史研究を書き換える
―― 大坂と京の画家たちの交流をめぐって ――

中 谷 伸 生

はじめに

　今から 30 年ほど前には、「大坂画壇」という名称は疑わしいと思われ、研究者の多くから、「大坂画壇など存在したのか？」と疑義が出た。研究論文や学会の口頭発表でも、「大坂画壇」という名称が使われることはほとんどなく、美術史研究で大坂（阪）は空白地域と見なされた。そうした見解の源をたどれば、ひとつには大坂の画家たちを排除した岡倉天心〔覚三〕（1863-1913）の日本美術史講義にまで遡ることになろう。日本美術史講義は、受講生たちによる筆記録で、計 6 種類遺されており、その中の 1 つは藤岡作太郎が、明治 27 年（1894）に筆写したものであった。複数の講義ノートは、編集作業を経て、大正 11 年（1922）に日本美術院版『天心全集』に活字化され刊行された[1]。

　天心によるこの講義録「日本美術史」は、日本の美術史研究者に大きな影響を与え、学会をはじめ、以後の美術館の活動においても、大坂画壇が軽視される流れとなる。大坂画壇の展覧会は、小規模な企画展については、各地でひっそりと開催されたが、大規模な企画展は、40 年も前の昭和 56 年（1981）に武田恒夫氏が監修し、大阪市立美術館で開催された「近世の大坂画壇」展が唯一の展覧会だったといってよい。それ以

1）木下長宏「解題・解説―アジアに内蔵される『日本』美術史」、岡倉天心（覚三）『日本美術史』所収、平凡社、平成 13 年（2001）、395 頁。

外には、個人の顕彰ではあるが、大坂画壇と直接関わりのある企画として、平成 15 年（2002）に大阪歴史博物館で開催された「没後二〇〇年記念 木村蒹葭堂 なにわ知の巨人」展ぐらいであろう。しかし、大坂はいうまでもなく、日本全国のみならず、朝鮮半島にまで名声が広がっていた蒹葭堂の展覧会でさえ、小規模展はともかく、本格的な企画展は第二次世界大戦後、半世紀以上も俟たねばならなかったことを考えると、今なお、大坂画壇は埋没したままである。

こうした状況下で、令和 4 年（2022）の 3 月から 5 月にかけて、京都国立近代美術館で平井啓修主任研究員担当の「サロン！雅と俗 京の大家と知られざる大坂画壇」展が開催され、京（京都）の画家たちに混じって、大坂（阪）の画家たちが多数紹介されたが、まさに「ようやく」という印象を拭いきれない[2]。

本稿では、こうした状況を生み出した原因の理由を探り、軽視されてきた大坂の画家たちの作品を採り上げながら、岡倉天心、藤岡作太郎、土方定一らの美術史学者の主張を軸にして大坂（阪）の絵画の評価と意義について論じてみたい。

1　岡倉天心が排除した大坂画壇

岡倉天心〔覚三〕が、明治 23 年（1890）から 25 年（1892）にわたって、東京美術学校で「日本美術史」を講義してから 130 年が過ぎた。天心の日本美術史講義は、基本的には、それぞれの画家たちの「作品評価」の試みであり、その影響力は絶大で、後輩の美術史家たちは、天心による価値基準に呪縛されたといってよい。天心の講義は、その内容を筆記して活字化した受講生たちによって出版されたが、以後の美術史研究者

2）京都国立近代美術館（平井啓修）編「サロン！雅と俗 京の大家と知られざる大坂画壇」、令和 4 年（2022）。

118

のほとんどが、この天心の「日本美術史」を読んで研究を続けたといってよい。明治期においては当然ながら、大正期や昭和前期においても、未だ美術の研究書は限られていた。若い研究者たちは、相対的に数の少ない美術書を熟読したわけで、その中のひとつが天心の「日本美術史」であったことはいうまでもない。そうした研究環境を踏まえて考えると、多くの研究者たちは、天心が採り上げていない画家については、研究対象として採り上げにくかったと思われる。大坂の画家たちを徹底的に排除した天心は、例外的に大坂の森派の画家森徹山に言及している[3]。しかし、その記事は応挙の弟子を示す系図による紹介にすぎない。大画面の絵画など、作品数の多い徹山ではあるが、いささか硬く平板な作品が多い。それにも拘わらず、天心は、大坂画壇からは森徹山（1775-1841）のみの名前を上げている。その理由は分からないが、推測するところ、大坂の森派の画家の徹山は、一時期、円山応挙（1733-1795）の弟子であったことから、京の画家との関係で名前を上げられたにちがいない。天心の「日本美術史」には、大坂の実力者である岡田米山人（1744-1820）・半江（1782-1846）父子や鶴亭（1722-1786）、森狙仙（1747-1821）や西山芳園（1804-1867）・完瑛（1834-1897）父子、十時梅厓（1749-1804）らの名前は見出せない。いうまでもなく、日本全国の画家たちが敬愛し、文化サロンの中心にいた木村蒹葭堂（1736-1802）は無視されている。これら大坂の画家たちの多くは、京の画家に師事した者が多く、いわば京の画家の末裔である。天心は円山派が時代の経過とともに形骸化したことを指摘し、「應擧ヲ學フモノハ其應擧ノ影ヲ摸倣シテ、（中略）狩野ノ末流ト其末ヲ同シクセシムルニ至レリ」（『國華』第壱号）と批判した。要するに、天心の立場は、一時代を画す英雄的な画家の末裔は、必然的にその模倣に陥り易く、衰退に向かう、という美術史観で貫かれている[4]。そのため、各流派の創設者（師）を高く評価する傾向があり、そうした

3) 岡倉天心（覚三）『日本美術史』、平凡社、平成13年（2001）、233頁。
4) 岡倉天心（覚三）「圓山應擧」、『國華』第壱号、國華社、明治22年（1889）、11頁。

価値観によって、円山派、四条派、文人画など、京に師をもつ画家の多い大坂画壇の画家たちは「日本美術史講義」から排除されたとも考えられる。

　しかし、逆に考えれば、確固とした師弟関係があるということは、京の画家と大坂の画家との結びつきが深いということを意味する。つまり、両者を結びつけて近世近代絵画史を考えなければ、京（京都）の絵画の性格さえも曖昧なままになるはずである。すなわち、京（京都）と大坂（大阪）の画家たちをひとまとまりの集団と考える美術史研究が求められねばならない。日本各地の画家や文化人たちが憧れた大坂の木村蒹葭堂宅に、江戸の谷文晁（1763-1840）や、備前の浦上玉堂（1745-1820）らをはじめ数多くの文人たちが訪れて交流を重ねたことは重要であろう。そのため、今日、大坂を排除した天心の美術史観から脱するためには、数多くの特色ある画家たちを輩出した大坂画壇を採り上げる必要に迫られる。大坂画壇は、日本美術史の研究において、膨大な作品を保持する最後の遺された領域である。イタリア・ルネサンスが大きな経済力を背景にして目覚ましい文化を生み出したことは今さらいうまでもない。一方、江戸時代から昭和の初期に至るまで、大坂（大阪）は江戸（東京）を凌ぐ日本最大の経済都市であり、そこでは大きな経済に見合った文化活動がなされたはずで、見るべき画家がほとんどいない、と考える方がおかしい。大坂では、近松門左衛門（1653-1724）脚本による人形浄瑠璃や歌舞伎をはじめ、底の深い文化が栄え、その物語の中から耳鳥齋（1751年以前-1802／03）という独創的な大坂の戯画作者も生まれている[5]。蒹葭堂とその周辺の画家たちについてはいうまでもない。

　耳鳥齋の戯画〔図1〕は、与謝蕪村の俳画などとの関連も指摘されるが、その流れは大坂の戯画の風土を露わに示しており、岡田米山人の戯画や息子の半江、さらに、孫の九筒へとつながる戯画の系譜を鮮明にし

5）耳鳥齋については、中谷伸生『耳鳥齋アーカイヴズ―江戸時代における大坂の戯画―』、関西大学出版部、平成27年（2015）を参照。

図1　耳鳥齋《踊り》

図2　佐藤魚大《閻魔大王之図》

ており、それが江戸時代後期に活動した佐藤魚大（初代）の戯画的作品
《閻魔大王之図》（個人蔵）〔図2〕へとつながる注目すべき流れである。
この作品の木箱を保護する紙箱表には「呉魚大閻魔大王之像」〔図3〕と
いう墨書が見られる。呉春の弟子の魚大という意味であろう。ただし、
「呉魚大」の署名は、二代の魚大（保大）も引き続き用いていることか
ら、父と子の署名については不明な点も残されている。閻魔大王は、い
かめしいというよりも、笑いを誘うように口を開け、大きな目を開いて、
あたかも滑稽な無駄話をしている表情である。赤い衣服を象る輪郭線は、
あくまで野太く、マンガ風だといえるかもしれない。ここには微妙な色
調や繊細な線描などは見られない。こうした「純粋絵画」から逸脱して
いると考えられた明快で大胆なマンガ風の表現は、従来の「近代絵画史」

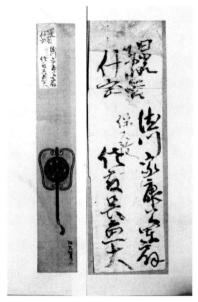

図3　閻魔大王之図箱書　　　　図4　佐藤魚大《徳川家康公軍扇短冊》

　から排除されてきた。初代魚大は、ジャック・ヒリアーが詳説している
ように[6]、文化11年（1814）に、爽やかなデザイン性を備えた『水石画
譜』を出版している。さらに、佐藤魚大（初代）に続く息子の佐藤保大
（二代魚大）、佐藤守大らの活動も無視できない。なお近年、熊田司氏が
発掘した資料によって、二代佐藤魚大として明治期に活動したのが息子
の佐藤保大であることが判明した。熊田氏が見つけた資料の短冊絵には
軍扇が描かれ、その上部に紙片が貼付されている〔図4〕。そこには「日

---

6) Jack Hillier, *The uninhibited brush, Japanese Art in the Shijō style,* London, Hugh
　 M. Moss, 1974. pp.187-208.　中谷伸生「英米の日本絵画コレクションと美術史研究―
　 ジャック・ヒリアーをめぐる考察」、『美術フォーラム21』第42号、令和2年（2020）、
　 36-41頁。

図5　菅楯彦《一休と虎（下絵）》

光東照宮什宝　徳川家康公軍扇　保大改　佐藤呉魚大」と墨書されてい
る。この墨書から、佐藤保大が父親の佐藤魚大を継いで二代佐藤魚大を
名乗ったことが明らかになろう。先にも記したように、太く力強い線描
を用いる、いわばマンガ風の佐藤派の絵画は、西洋的な「絵画的」描写
とは距離があるため、天心以後の日本近代絵画史から排除されたにちが
いない。いずれにせよ、大坂らしい諧謔を含んだ彼らの独自の作品を美
術史から排除してきた研究は、もはや古めかしくて、その狭隘な美術史
的枠組みそのものを批判しなければならない。
　また、そうした美術史研究の古い風土からはじかれた近代の画家とし
て菅楯彦がいる。私淑という継承によって伝えられた大坂の戯画の伝統
は、蕪村、耳鳥齋、岡田米山人、佐藤魚大と続き、近代に入って、《一休
と虎（下絵）》〔図5〕などを描いた楯彦に引き継がれ、大阪らしい戯画
的かつ諧謔的な絵画が師弟関係ではなく、大坂の風土とでもいうべきゆ

るやかな伝統をかたちづくっている[7]。こうした大坂（阪）の戯画の多く
は、蕪村の俳画を除いて、マンガの一種と見なされ、「美術」の領域から
除外されて久しい。また、耳鳥齋の場合は、日本の戯画史における位置
付けも不明瞭で、美術史と戯画史の両方から除外されてきた。さすがに
近年では日本の戯画として登場することが多くなっている。いずれにせ
よ、日本の絵画は、いわゆる純粋美術の範疇にある「絵画」のみならず、
マンガなどの「戯画」の領域へも拡張しつつあり、その意味では、もは
や耳鳥齋を日本美術史から除外すること自体が問題となりつつある。12
世紀から13世紀に制作された《鳥獣人物戯画巻》（高山寺蔵）とは直接
つながらない耳鳥齋の戯画も、《鳥獣人物戯画巻》との関係性を問われる
ことが多くなりつつあることも、その一事例であろう。加えて、美術へ
のマンガ、あるいは「マンガ的なもの」の侵入が、時代の要請であると
するなら、近代の菅楯彦の作品もまた、マンガとの関連性から再評価が
なされねばならない。

2　藤岡作太郎と大坂の文人画

　天心の「日本美術史」における東京と京都を中心とする価値評価は、
その後の研究者たちにも受け継がれたが、例外的に天心とは異なる評価
を唱えたのが国文学者の藤岡作太郎（1870-1910）である。藤岡は、明
治36年（1903）に金港堂書籍から出版された『近世繪畫史』において、
「かくて大雅以後の文人畫は、京都よりも、まず大阪に盛んなるに至れ
り。京、大阪は由來唇齒の關係あり、彼の消長は直ちに此に影響す。」[8]

7）中谷伸生「菅楯彦とマンガの時代」、『文学論集』第71巻第4号、関西大学、令和4
　年（2022）、1-20頁。
8）藤岡作太郎『近世繪畫史』、金港堂書籍、明治36年（1903）初版。引用は、藤岡『近
　世繪畫史』、創元社、昭和16年（1941）、212頁。

と述べつつ、木村蒹葭堂、十時梅厓、岡田米山人、岡田半江、中西耕石（1807-1884）、貫名海屋（1778-1863）らの大坂で活動した文人画家たちを紹介している。藤岡は、京と大坂は切っても切れない深い絆で結ばれていたと述べている。しかし、天心の強烈な個性に較べて、地味な学究であった藤岡の主張は、基本的に美術史家には受け入れられずに100年が過ぎた。また、40歳という若さで亡くなる不運にも襲われ、藤岡は、大きな影響力を発揮する前に、道半ばにして散ったのである。藤岡の『近世繪畫史』を読むと、作品に即した実証的記述の力業に驚かされる。藤岡は一体どれほど多くの作品を見たのだろうか。いずれにしても、藤岡の指摘する通り、江戸後期の美術史研究において大坂画壇の役割は大きい。

　一例を上げると、師の池大雅（1723-1776）の絵画に自らの落款を捺した蒹葭堂の立ち位置から、両者の交流の軌跡を追跡することは、大雅研究にとっても意味がある。こうした事例については、蒹葭堂の所蔵印の位置付けがなされねばならないが、そうした研究はまったく進んでいない。また近年、京の伊藤若冲（1716-1800）の師が大坂の大岡春卜（1680-1763）であることが判明し、天明の大火で焼け出されて、蒹葭堂のいる大坂に逃げて来た若冲の事跡についても、大坂を踏まえた研究が必須で、若冲と蒹葭堂をはじめとする大坂の画家たちとの合作による絵画についても未調査のまま放置されていることは、研究者間でも意外に知られていない。つまり、これまでの若冲研究では、やはり大坂画壇は軽視されてきたと言わざるをえない。

　さらに、京と大坂をつなぐ中間地点の淀で育った長澤蘆雪（1754-1799）についても、これまで京都の地域内で研究が完結しており、円山応挙らとの関係を重視して、「京の画家」として語られ、大坂との関係が無視されてきた。蘆雪の流派を越えた多様な作風は、奇矯の画家と呼ばれる林閬苑（1742年以前-1787年以後）らの大坂の画家の活動に近く、蘆雪が描く蛙や蛇の図様も大坂の松本奉時（生年不詳-1800）や葛蛇玉（1735-

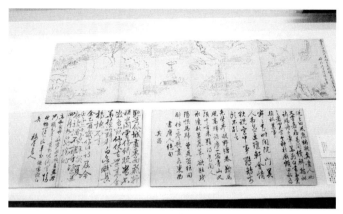

図6　十時梅厓『梅厓書画冊』

1780）のそれに似る[9]。さらに、京の鶴澤探山（1658-1729）の流れを引
く大坂の橘派を視野に入れて考えることで、蘆雪と大坂画壇の画家たち
との関係が明らかになるかもしれない。というのも、蘆雪の出自が狩野
派系と仄めかされているが、その際、鶴澤派や橘派という大坂で大きな
役割を果たした流派の影響も無視できないからである。大坂には鶴澤派
系統の画家たちが比較的多い。蘆雪には橘派と密接な関係をもつ鶴澤派
との関係を仄めかす初期作品もあることは興味深い。さらに、淀藩は摂
津の岸部と八尾に飛び地を持っていて大坂との関係が深かった。要する
に、蘆雪の生地である淀という場所が、京と大坂にとって如何なる意味
をもっていたのかが問われなければならない[10]。

　ところで、池大雅や与謝蕪村（1716-1784）を「文人画の大成者」と
呼ぶにあたっては、大坂の岡田米山人・半江父子や十時梅厓〔図6〕ら
の文人画についての研究を深めなければ、秀抜な絵画を描いた大雅や蕪

　9）中谷伸生「長澤蘆雪と大坂画壇」、『東アジア文化交渉研究』第12号、関西大学、平
　　成31年（2019）、3-21頁。中谷伸生「長澤蘆雪—流派を越えて—」、『東西学術研究所
　　紀要』第52輯、関西大学、平成31年（2019）、3-14頁。
10）常松隆嗣『淀藩』（シリーズ藩物語）、現代書館、平成30年（2018）、141-142頁。

村であるとはいえ、造形的な観点を強調して、この2人を安易に「大成者」と呼ぶことには違和感も残る。言い換えれば、絵画の在り方からいって、米山人・半江、そして豊後出身の田能村竹田（1777-1835）の方が文人画の大成者と呼ぶのに相応しいという異説も浮上してくるわけである。もっとも、「日本の文人画の大成者」という概念がきわめて曖昧で、さらなる吟味を加えて用いねばならない。「大成者」と呼ぶ場合、一体何を大成したのかが吟味されねばならない。すなわち、文人画を考えるとき、思想的側面、また、他の人々との交流関係に注意を払わねば、文人画についての真の理解は不可能となる。大雅は画家として抜群の力量を誇示しており、日本の文人画家の中でも傑出した絵画を描いた。しかし、造形的に優れているという近代的な評価基準だけでは、文人画の本質を見逃すであろう。専門の画家のみならず、身分や境涯の異なる儒者や絵画の愛好者とも交流し、共感の世界を構成する文人画をどのように理解して評価するかは重大な研究課題であるが、残念なことに、十時梅厓をはじめとする大坂画壇の文人画家を軽視した従来の文人画研究は、今なお不十分だと言わざるをえない。藤岡が指摘するように、少なくとも、江戸後期には大坂において最も文人画が隆盛したことを忘れてはならないからである。

　蛇足ながら、作品価格の問題に触れておくと、2022年現在、江戸後期に活躍した岡田半江の文人画は、きわめて低い評価となっており、骨董街では数万円でも売れないという悲惨な状況である。江戸時代の京・大坂では、高峰に立つ画家として絶大な人気があり、価格も高かった。作品の評価と価格を比例して論じることは、必ずしも正しくないが、それにしても、江戸時代と現代との評価の差ははなはだしい。天保12年（1841）の《山水図巻（大川納涼図）》（関西大学図書館蔵）〔図7〕など、文人画の醍醐味を充分に味わわせてくれる半江の絵画を再評価する必要があろう。

　江戸絵画を代表する蕪村については、安永6年（1777）62歳のときに

図7　岡田半江《山水図巻（大川納涼図)》

『夜半楽』（春興帖）を刊行して「春風馬堤曲」と「澱河歌」という発句
によって故郷の毛馬を詠った蕪村は、京都画壇の画家なのか、それとも
大坂画壇の画家なのか。これについての見解によって、美術史家の立ち
位置が明らかになろう。誤解がないように述べておくが、蕪村が摂津国
毛馬村（現在の大阪市都島区）に生まれたからという理由を根拠にした
いわけではない。つまり、蕪村と大坂との関係については、蕪村が創作
した作品の内容に基づいて考えるべきである。

3　土方定一が評価しなかった大阪の画家たち

　さて、江戸時代後期から近代に至る絵画史を検討すれば、これまた偏
見にみちた評価が横行してきた。たとえば、従来の近世近代絵画史から
排除されてきた大阪の西山芳園・完瑛については、彼らは江戸時代の四
条派の作風を引き継いだ凡庸な画家ではなく、洋風画にも関心を抱き、
芳園は《急火焼図》（関西大学東西学術研究所蔵）〔図8〕などにオラン
ダ女性と思われる西洋女性の顔を描き込むなど、新しい試みを行ってい
る。完瑛もまた四条派の伝統的な絵画から離脱するような《鸚鵡図》（大

図8　西山芳園《急火焼図》（部分）

英博物館蔵）において、大胆な色彩を施した斬新な絵画を遺した[11]。こう
した作風を見るにつけても、芳園・完瑛父子については、再度、近世近
代絵画史に居場所を設けねばならない重要な画家だといってよい。しか
し、日本美術史研究において、彼らの絵画の先進性が語られることはな
く、江戸時代から続く京の四条派の末裔として「平凡である」という偏
見が広がり定着している。加えて、芳園の作品には、写生派のひとつの
特徴でもあるが、余白を大きく用いたあっさりとした絵画も多いため、
その実力が見えにくい場合が多い。これについては、注文による絵画と
いう性格と、大坂の料亭の床の間にかけるための絵画だという性格を見
逃してはならない[12]。しかし、芳園の本格的な絵画には、実に切れ味のよ
い充実した作品が散見される。芳園の作品評価を考えるにあたっては、
天保10年（1839）作《四季耕作稼穡図》（兵庫県立美術館頴川コレクシ
ョン蔵）〔図9〕を検討すべきであろう。この作品は、単なる写生的な絵

11）前掲書、『サロン！雅と俗　京の大家と知られざる大坂画壇』、217 頁。
12）明尾圭造「大坂四条派の先達―西山芳園と完瑛をいかに評価するか―」、『なにわ風情
　　を満喫しませう―大坂四条派の系譜―』、大阪商業大学商業史博物館、平成29年（2017）、
　　60-65 頁。

図9　西山芳園《四季耕作稼穡図》

画ではなく、芳園独自の造形を活かした密度の高い秀作である。画面下半部に繰り返し描かれた左右に伸びる土坡の形態は、写生の段階を越えて、あたかも数本の「鎗のような形態」を横に並べて描いたかの鋭い造形感覚を示しており、芳園の才気を如実に表している。つまり芳園は、「絵画的な造形性」と「対象を描く写生の正確さ」との狭間で葛藤しており、そのすり合わせは見事である。また、この作品に匹敵する《黄稲群禽図》（個人蔵）も見事な作品だといってよい。これだけの造形力を誇る芳園を、これまでの近世絵画史研究では、四条派や円山派などの写生派絵画史から排除してきたわけだから、一体、美術史研究者は、どこを見て研究を行ってきたのか、その怠慢を批判しておきたい。京に対して大坂で独自の一派を成した芳園については、京の流れを汲む四条派という

図10　北野恒富《蓮池（朝)》（左隻）　　図11　北野恒富《鷺娘》

言い方を避けて、「西山派」という言葉を定着させねばならない[13]。この
ことはまた、京を中心として、縦に連なる「流派」を跡付ける従来の単
調な美術史研究への警鐘となろう。

　さらに、近代絵画に言及しておくと、縦長の画面の片側に人物を寄せ
た恒富様式の美人図を完成させ、おそらく、京都の上村松園（1875-1949）
に影響を与えた可能性が高い大阪の北野恒富（1880-1947）の存在も重
要で、《蓮池（朝)》（耕三寺博物館蔵）〔図10〕や《鷺娘》（福富太郎コ
レクション資料室蔵）〔図11〕を描いた恒富研究がなされなければ、松
園の美人画についての理解も深まらない。《蓮池》に登場する２人の女性

13）一茶庵（主宰・佃一輝、佃梓央）における煎茶会で、筆者、明尾圭造氏、橋爪節也
　　氏、松浦清氏らと議論を重ね、「西山派」や「船場派」の呼称も話題になった。

131

図 12　深田直城《荒磯周魚図》

が醸し出す不気味な雰囲気、また、画面のすみずみまで覆う深く重厚で調和のとれた色彩など、《蓮池》は日本近代絵画史のひとつの高峰に達していると評価しても過言ではなかろう。さらに、松園らの京都の美人画に見られる「カチカチの細工もの」[14]的な作風を批判して、筆触の跡を残した恒富の絵画を凝視する必要がある。

　加えて、江戸時代から近代に至る京都画壇の歴史を振り返ってみれば、京都で活躍した後に拠点を大阪に移した画家、たとえば、日根対山（1813-1869）や深田直城（1861-1947）らは、京都の美術史から除外され、あたかも彼らは京都にいなかったかの扱いとなる。とりわけ、当時の写生

14）『大毎美術』第 16 号、大正 13 年（1924）1 月。

派の画家たちの中でも、圧倒的な描写力を誇る深田直城は、《春秋花鳥之図》（泉屋博古館東京蔵）、《荒磯周魚図》（個人蔵）〔図12〕、《水辺芦雁・雪中船泊》（関西大学図書館蔵）などの優れた絵画を描いている。いかなるテーマを描いても秀抜であるにも拘わらず、直城もまた、近代の写生派の研究からはじかれた存在だということになろう。

　さて、大阪の近代画家としては、西山完瑛、日根対山、北野恒富、菅楯彦（1878-1963）らの名前を上げねばならないが、第二次世界大戦後の近代美術史と美術批評を牽引した土方定一（1904-1980）は、大阪の画家たちをまったく採り上げていない。土方は、ヘーゲル美学の研究を出発点にして、やがて岸田劉生（1891-1929）の研究者として日本近代絵画史研究に着手し、東京の画家たちを中心に、そこに京都の画家たちを加えて、日本近代美術史を構想し、その成果が昭和41年（1966）に出版された日本近代美術史の教科書とでもいうべき『日本の近代美術』（岩波新書）に結実する。この概説書は、天心の「日本美術史」と同様に、近代美術史研究のバイブルとなり、20世紀後半における美術館の展覧会活動を主導した。この書で土方が言及した大阪の画家といえば、北野恒富、小出楢重（1887-1931）の2人だけで、恒富については、再興日本美術院の同人として名前のみが記されているだけである[15]。恒富よりもはるかに劣る作品しか描いていない東京の安田靫彦（1884-1978）でさえ、土方は半頁を越える大きな紙面を用いている[16]。ただし、靫彦の名誉のために付け加えておくと、靫彦が特につまらない画家だとは、毫も主張するつもりはない。靫彦には《日食》（大正14年・1925年・東京国立近代美術館蔵）という名作も遺されている。靫彦を引き合いに出したのは、恒富との比較の問題で、土方による評価を読むと、靫彦に対して恒富の評価が低すぎるということである。

　さて、岡倉天心に始まる評価の日本美術史は、初めての体系的な美術

15）土方定一『日本の近代美術』（岩波新書）、岩波書店、昭和41年（1966）、101頁。

16）同書、104-105頁。

史としての長所と、東京と京都の近代美術に偏る短所を露呈しており、その美術史観は、今後の研究によって大きく修正されねばならない。同様に、土方定一による近代絵画史についても、その偏りを払拭するためには、北野恒富、菅楯彦、西山完瑛、深田直城らをはじめとする大坂画壇の画家たちをも採り上げて研究を深めねばならない。加えて、大坂（阪）のみならず、不当にも地方美術と呼ばれる日本各地の美術作品をも視野に入れて、新たな近世近代絵画史を構想すべきであろう。天心や土方のような東京から見た日本近世近代美術史は偏見にみちているが、各地方の美術作品を組み入れて、どのような新しい美術史をつくるかは、困難の伴うこれからの美術史研究の課題である。従来の狩野派や四条派といった流派を基軸にして縦に連なる美術史から一旦訣別して、画家たちの複雑な交流をすくいあげながら、横へと広がる美術史の構築が望まれる。そのときには、大坂と京をつなぐ大典顕常（1719-1801）や売茶翁（1675-1763）、さらには横山大観（1868-1958）や菅楯彦との関係からいっても、《飴売爺図》（関西大学図書館蔵）〔図13〕や《蝦蟇鉄拐》（個人蔵）などの豪快な作品を描いて、東京、京都、大阪をつないだ江中無牛（1868-1928）らの活動が、今以上に注目されるであろう。

4　日本美術史における近世と近代の時代区分

　西山芳園と完瑛父子の連続性をめぐる美術史上の問題は、「近代美術」の枠組み、すなわち幕末までの近世と明治以降の近代という時代区分についての疑問を浮上させる。日本の近代美術史研究は、明治維新を境にして、それ以前を近世、以後を近代というように、明確に時代を分けて考えてきた。それは日本史の学問分野において、近代を明治維新から第二次世界大戦の終結までと考える時代区分に沿ったものであろう。しかしながら、日本の美術を検討すると、芳園と完瑛の2人は、もちろん作

図 13　江中無牛《飴売爺図》

風を異にする点もあるが、大きく見れば、両者は類似する写生派でもあ
る。これを師の松村景文（1779-1843）の系譜ととらえて四条派と呼ぶ
か、大坂に独自の一派を形成したととらえて西山派と呼ぶかはともかく、
2人の親子は、さまざまな点で連続する作風を保持していることも否定
できない。明治維新以前と以後で美術史を分断するという従来の思考で
は、両者の連続的な側面が失われてしまう。芳園なくして完瑛は存在し
ないわけで、「近代美術館」が芳園の作品を収集せずに、完瑛の作品のみ
を収集するということでは、完瑛の研究はもちろんのこと、その展示に
よる紹介、また、後世へと遺すための保管という作業が不十分にならざ
るをえない。そのため、美術史的には、文化・文政（1804-1829）以後
を「近代」と考えても不都合ではないという美術史観が登場する。

とりわけ、大坂（阪）画壇の場合、江戸（東京）や京（京都）と比べても、明治維新を跨いで連続する傾向が強い守旧的な性格が濃厚なので、芳園と完瑛を分断してしまうのは美術史理解としては問題が残る。そうした分断を決めたのは、明治に誕生した天皇制イデオロギーだと指摘することも可能である。このことはまた、佐藤魚大（初代）と佐藤保大（二代魚大）の作風の連続性、また、江戸の文人画と明治のそれとの連続性をも見えにくくしてしまう。近代美術については、日本社会における西洋化の流れに乗って、西洋志向の強い日本的な疑似前衛的作品が高く評価されるようになり、革新的な傾向の作品に研究と評価が集中したため、ある意味で守旧的な大坂（阪）画壇が無視された。しかし、江戸の美術と近代の美術は、政治史ほどに断絶してはおらず、連続する側面が濃厚である。つまり、文化というのは、政変によってすぐさま変化するわけではない。こうした時代区分の問題性を浮き彫りにするのが、中国風が濃く、多少とも守旧的な大坂（阪）画壇の存在だといってよい。

　幕末期の天保12年（1841年）に《山水図巻（大川納涼図）》を制作した江戸時代の大坂の画家岡田半江は、友人との個人的な交流を基盤とする「個」を確立している。そこには紛れもなく「近代性」、あるいは「近代的なもの」を見てとることができよう。これを「近世的な市民社会の性格」と言い換えてもよい[17]。また、半江の教えを受けた橋本青江（1821-1898）は、明治期に江戸趣味を漂わせる文人画（南画）を描き続けた女性画家である。要するに、土方定一による「近代美術」の枠組みから滑り落ちた大坂の近代絵画は、こうした幕末明治期の連続性を濃厚に示している。しかも、近世と近代の連続性という問題は、大坂（阪）画壇のみならず、江戸（東京）や京（京都）の美術史においても、少し状況が異なるとはいえ、類似の側面があることも否定できない。

17）中谷伸生『大坂画壇はなぜ忘れられたのか─岡倉天心から東アジア美術史の構想へ─』、醍醐書房、平成22年（2010）279-288頁。
　【図版出典】図10・11（サロン展図録より引用）以外はすべて筆者撮影。

　以上を踏まえて、蛇足ながら、日本の美術館の組織や制度にも言及しておくと、日本の美術館は、これまでの作品収集の在り方を考えるべき時期にきたのではなかろうか。ひとつには、美術館が収集する作品は傑作、すなわち希少価値をもつ貴重な「ミュージアム・ピース」でなければならないという価値基準である。大坂画壇の広大な領域を俯瞰すれば、従来の考えでのミュージアム・ピースではないにしても、美術館が収蔵する価値のある作品が多数遺存している。突出して優れた作品の紹介のみに焦点を当てた収集方針や展覧会企画の在り方そのものが問われる時代に入ったと考えるべきであろう。もちろん、ミュージアム・ピースを収集する価値（正当性）を否定するわけではなく、それを基軸に据えながらも、多様な価値観を導入して、マイナーな作品であっても、歴史的、文化的に重要な作品を顕彰すべきであって、そのことがまたミュージアム・ピースを支える裾野を形成することにつながるはずである。マイナーと呼ばれて排除されてきた多くの美術作品にも、しかるべき場所が与えられねばならない。大坂画壇にはこうした数多くの絵画が遺存しており、そのことはまた、大阪以外の日本各地の美術作品にも価値あるものが多く遺されているにちがいない。要するに、美術作品を評価する場合、多様な複数の物指し（価値基準）を複雑に用いるべきであって、一元的な価値観を後生大事に守るべきではない。すなわち、近代主義的な美的価値観を一定ていど保持しつつも、それを絶対視する美術史的な立場をゆるやかに崩していく柔軟な姿勢が求められるといっておきたい。

　蛇足ながら、幕末までの「古美術」と明治以降の「近代美術」という専門性を厳格化して、学芸員を採用するやり方をも再検討すべき時代を迎えたといえるだろう。「博物館」と「近代美術館」は、作品収集や学芸員の採用に際しては、各々の特性を活かしながらも、江戸時代と明治時代、いや少なくとも幕末明治期については、その連続性を重視して、学問分野をめぐっては、相互に乗り入れるというゆるやかな考え方を保持すべきではなかろうか。

おわりに

　いずれにせよ、江戸（東京）や京（京都）の美術史を中心とする紋切型の日本美術史の書き換えが必要であることはいうまでもない。それは大坂画壇を加えるのみならず、日本の地方美術を如何にして日本美術史として語ることができるのかという重要な問題を含んでいる。このことはまた、国際化する世界の状況を踏まえて、「横へと広がる美術史」を構想し、日本という国に限定せずに、アジアの美術、まずは江戸時代以来、日本と関係が深い中国絵画との比較研究を広げ、東アジア美術史の構想を明確化して、一国主義的な「日本美術史」という狭い枠組みを打ち破っていく必要があろう。洋風画や洋画を必要以上に高く評価した美術史観は、明治維新以来150年以上も続く脱亜入欧の国策に立脚する日本美術史研究の歪んだ姿勢である。大きな曲がり角に差しかかった今、天心のつくった日本美術史の評価を修正しながらも、皮肉にも天心が『東洋の理想』（明治36年・1903年）で構想した幅の広いアジア美術史の立場が、再び形を変えて浮上してくるものと思われる。天心が排除し、長らく忘れられてきた木村蒹葭堂とその周辺の大坂（阪）画壇の画家たちの絵画群は、中国との関係が深いため、着実に新しい日本美術史、いや東アジア美術史の一角を占めるにちがいない。

　今後の美術史研究は、天心や土方の偏った美術史観を修正しつつ、大坂（阪）をはじめとする日本各地の美術作品を組み入れて、東アジアへと広がる日本近世近代美術史研究を拡大しなければならない。新しい美術史の構築は、いうまでもなく、容易いことではなく、大きな困難が伴うが、その課題が果たされなければ、頑迷な思考に遮られて、将来への指針を失った美術史学は、寄る辺のない学問として、混沌とした闇の世界をさ迷うことになろう。

徳川吉宗の中国嗜好と
浙江総督李衛の探索

松　浦　　　章

1　緒　　　言

　徳川第八代将軍吉宗は、正徳六年五月二日に徳川宗家を継承し[1]、同年七月朔日に改元され正徳から享保とかわった享保元年（康熙55、1716）八月十三日、将軍宣下の大礼が行われ、吉宗は正二位權大納言兼右大臣とし征夷大将軍の位記を受けた[2]。貞享元年（康熙23、1684）十月二十一日[3]に生まれた吉宗が32歳にして将軍職に就任したのであった。その後、寛延四年（乾隆16、1751）六月二十日[4]、68歳にして死去するまで、将軍職そして大御所として治世に尽力した。

　その吉宗の治蹟徳行について『有徳院殿御實紀』巻六十二には、

　　はじめ紀藩の庶子にわたらせたまひしより、賢明の聞えましまし、
　　宗家をつがせられてのち、いよいよ家國の政務に御心を用ひ給ひし
　　かば、封地の民、御仁恩に浴せざるはなし。しかのみならず學校を
　　興し、武事を習はし、また御みづから教諭をつくりて家人に示され、
　　君臣ともどもに、徳業をつまむことをさとしたまふ[5]。

---

1) 黒板勝美、國史大系編修會編『德川實紀』第9篇、吉川弘文館、1982年1月、3頁。
2) 同書、26-27頁。
3) 同書、1頁。
4) 同書、134頁。
5) 同書、134頁。

と、吉宗の事跡を概略的に表している。

　この吉宗は、さまざまな分野に関心を持ち、当時の第一位の治者としての権限を用いて、海外の知識も吸収しようとした。吉宗は馬術を好み、さまざまな騎法を探索し、ついには中国の騎法の達人を招聘し、また長崎に来航していたオランダ人からもその騎馬術を学ぼうとするなど[6]極めて積極的に海外文化を受容しようとした。とりわけ中国文化の受容には熱心であった。

　とくに吉宗が中国文化を熱心に吸収していたこと、とりわけ漢籍の輸入に関しては、すでに大庭脩氏によって明らかにされている[7]。しかし漢籍以外にも多くの中国文化を吸収しようとしていたことについては大庭氏が概観されている[8]が、未だ十分には解明されていない問題も見られる。

　そこで本論において、徳川吉宗の中国嗜好の全体像を明らかにするとともに、その動向を注視していた同時期の清代中国の浙江沿海を監督した浙江総督李衛の日本に関する探索事情についても述べたい。

2　徳川吉宗の中国嗜好の経緯

　徳川第八代将軍吉宗は、正徳六年（1716）五月二日に徳川宗家を継承した[9]。その直後から徳川幕府の書物奉行であった近藤守重、重蔵が、家康以来の書籍蒐集等の事情をのべた「御代々文事表」に、吉宗の動向の

6）　同書、263頁。

7）　大庭脩『江戸時代における唐船持渡書の研究』関西大学東西学術研究所、1967年3月、123-125頁。
　　大庭脩『江戸時代における中国文化受容の研究』同朋舎出版、1984年6月、227-314頁。
　　大庭脩『漢籍輸入の文化史―聖徳太子から吉宗へ―』研文出版、1997年1月、187-249頁。

8）　大庭脩『江戸時代の日中秘話』東方書店、1980年5月、116-205頁。

9）　黒板勝美、國史大系編修會編『德川實紀』第9篇、吉川弘文館、1982年1月、3頁。

一端を記録している。その冒頭には、

　　享保元年　六月三日御文庫御書籍目録御覧セラルヘキ旨令セラル[10]。

とあり、将軍職に就任する以前の享保元年（1716）六月初から行動を開始し、御文庫目録の閲覧を求めている。

　吉宗は手始めに幕府の文庫に所蔵する書籍の目録を取り寄せ、その所蔵書籍の全体を把握しようとしていたことがわかる。その後、さまざまな和書を閲覧しているが、中国書籍に関するものを近藤守重の記録から以下に抜粋してみた。享保五年（1720）二月には、

　　享保五年　二月高瀬喜朴ニ命シテ明律譯義ヲ撰上セシム[11]。

と見られ、高瀬喜朴に明律譯義を献上させ、その後に高瀬喜朴は『大明律例譯義』を完成し、吉宗に献上している[12]。

　　享保六年　是月［十一月］六諭衍義ヲ訓點梓行セラル[13]。

　享保六年（1721）十一月に『六諭衍義』に訓点を施して刊行させている。
　その後、享保九年（1724）以降に、長崎来航の中国商人を通じての蒐書等が頻繁に見られる。

　　享保九年　十一月長崎唐船ヘ去寅年募求セラレシ元亨療馬集一部、
　　當五番船主施翼亭携來ル。依テ賞銀三枚ヲ賜フ。（是七年十二月馬醫

---

10)　『近藤正斎全集』第二、国書刊行会、1906 年 3 月、293 頁。
11)　同書、294 頁。
12)　小林宏・高塩博編『高瀬喜朴著　大明律例譯義』創文社、1989 年 2 月。
13)　『近藤正斎全集』第二、295 頁。

ノ書當時専用ノ書ヲ將來スヘキ旨命セラレシニイ依テ也。守重云、是ヨリ前享保三年六月唐馬具携來ルヘキ旨命セラレ、同年十月林達文唐馬具二通リ將來シ、且又唐馬牽渡ルヘキ旨令セラレ、同五年二月伊孚九船ヨリ唐馬二匹牽渡ル。此外前後弓馬ノ藝心得タルモノ杭州ノ陳采若馬醫心得タルモノ蘇州ノ劉經先、唐醫杭州ノ陸文齋、蘇州ノ呉戴南、朱來章、趙淞陽、汀州ノ周岐來等御尋ニ依テツレ渡リシコトアリ。書籍ニ干係セラレハ此ニ略ス。其時ノ唐馬具圖并ニ唐紅毛馬書ノ譯本ハ守重寫収儲ス)[14]。

享保十年二月唐主李亦賢療馬ノ書一部携來ル。依テ船主ニ賞銀三枚ヲ賜フ。

　　是ハ去卯年九月馬醫ノ書、馬經大全ノ外、當時相用ル書將來スヘキ由、命セラレシニ依テナリ[15]。

　七月八日荻生總右衛門ヘ清人朱來章獻上ノ鄭世子朱載堉ノ樂書ヲ校閲セシメラル[16]。

　十二月　是月荻生總七ヘ故唐律疏議ヲ校正セシメラル[17]。

享保十一年　七月南京船主兪枚吉、採參紀畧一冊ヲ上ル。

　　庶物類纂ニ、十一年七月南京船客兪枚吉、上遼東人參乾根葉併參實百餘種、附採參紀畧一本。又享保十二年正月上遼東參乾根四株、附參草圖[18]。

享保十三年　七月荻生總七ニ命シテ七經孟子考文ヲ校正セシメラレ補遺ヲ作ル[19]。

享保十五年　是ヨリ前、荻生總七ニ校寫セシメシ故唐律疏議ヲ是歳旨アリテ清人沈燮庵ニ校閲セシム。

14）『近藤正齋全集』第二、297頁。
15）同書、297-298頁。
16）同書、298頁。
17）同書、298頁。
18）同書、298頁。
19）同書、299頁。

元文元年爕庵、清ノ刑部尚勵廷儀ニ此書ノ序ヲ作ラシメテ獻上
ス[20]。

元文元年　九月新渡圖書集成繪圖六百六十巻　是歳五月長崎ヘ舶載
來。

御覧ニ備ヘシニ御不審ノ品コレアリ。十日圖書集成繪圖御書物
奉行ニ檢閲セシメラル[21]。

［元文元年十月］　廿五日圖書集成本書考一冊、御書物奉行呈上
ス。圖書集成繪圖ハ長崎ヘ返却サレ、追テ全書將來スヘキ旨令
セラル[22]。

明和元年二月ニ至テ全書一部六百套九千九百九十六本總目四
十本御文庫ヘ納ラル[23]。

延享元年　九月五日、冊府元龜、續文獻通考、圖書編、右編、函史
編、設文長箋、品字箋、百川學海、玉海以上九部、唐國ヘ可誂遣旨
仰出サル[24]。

…此書ノ中、六部舶來。同四年十二月廿四日御文庫収儲[25]。

以上のように、享保五年（1720）頃から十一年（1726）にかけて吉宗
の指示により長崎に来航した中国商人を通じて、中国の馬に関係する書
籍、馬具の請来、馬醫や唐醫等を中国から招聘し、さらに漢方薬剤の人
参に関係する書籍や人参の根や葉なども取り寄せていたことがわかる。
また吉宗が蒐集した古佚書の中から『唐律疏議』を荻生北渓に校訂させ、
さらに来日した清人沈爕庵に校閲させて、清国にもたらし刑部尚書勵廷

20）同書、299頁。
21）同書、301頁。
22）同書、301頁。
23）同書、301頁。
24）同書、303頁。
25）同書、294頁。

儀の序を得て[26]、再度舶載されたことなど、中国と日本との学術交流にも貢献している[27]。

　これら吉宗の中国に対する嗜好がどのように実行されたかの状況を次に述べたい。

3　徳川吉宗の中国嗜好の具現化

　江戸時代の後期になると日本沿海地方に外国船が出没し、対外関係に危機感を抱いた徳川幕府は、海防策構築の一環として書籍を編纂した。それが『通航一覧』[28]である。その『通航一覧』巻198から238までは唐國部[29]として中国のことを記しているが、基本的には長崎貿易に関係する内容ではあるが、その他に儒者と医者等を招聘したことが記録されている。

3-1　徳川吉宗が招聘した中国人教習

　『通航一覧』唐國部に見られる儒者と医者等を招聘した記録の多くは、吉宗の将軍在任中の享保年間のことである。以下に述べる呉載南、陳振先、朱來章、朱子章、周岐來、趙湘陽、劉繼先については、すでに『明治前日本薬物学史』の第三節「中国医人の渡来と薬材の交易」において

26）「唐律疏義沈燮庵釈文訂正」、「唐律疏義勵廷儀序文」、大庭脩編『享保時代の日中關係資料三―〈荻生北渓集〉―近世日中交渉史料集四―』関西大学出版部、1995年11月、466-477頁。

27）大庭脩『江戸時代における中国文化受容の研究』257-263頁。

28）早川純三郎編『通航一覧』第一の林燈の序、『通航一覧』第1冊、国書刊行会、1913年11月初版、清文堂出版、1967年4月復刻版、1頁。

29）早川純三郎編『通航一覧』第5冊、国書刊行会、1913年11月初版、清文堂出版、1967年4月復刻版、225頁〜『通航一覧』第6冊、国書刊行会、1913年11月初版、清文堂出版、1967年4月復刻版、170頁。

簡単に触れられている[30]が、その詳細を『通航一覧』の記述を参考に年代順に記したい。

> 享保四年己亥年三月二十六日、南京船入津す。去歳命せられしに依て、醫師呉戴南渡來す。同六辛丑年六月、陳振先渡し來て、長崎近郊の藥草を點檢す。此頃唐山より藥草等御取よせありしなれは、これまた命によりてなるへし。同十乙巳年六月周岐來來る。同十一年丙午年十月趙淞陽、同十二年丁未年六月、馬醫劉經先等渡來せり[31]。

　享保四年（1719）三月十六日に長崎に入港した12番南京船の「唐人共申口」に、呉戴南の来日事情が見られる。

> 私共船之儀、南京之内上海にて仕出し、唐人數四拾五人、内壹人醫師唐人乘組候…船頭李勝先儀は、去年貳拾九番船より客仕罷渡候處に、新加之信牌御輿へ被遊候に付、同年四番船に便乞、先達歸唐仕、則右之信牌此度持渡申候。…然者去年李勝先、鍾聖玉兩人へ、良醫壹人連渡り候様に被仰付、則兩人にて御請申上候に付、於彼地段々承合候處に、南京之蘇州にて呉戴南と申醫師、南京浙江にても名を發、名醫之聞へ有之候に付、色々才覺を以、去十二月に約諾相置、此度連渡り申候、本より醫師壹人連渡り候様に被仰付候に付、鍾聖玉へも右呉戴南を約諾いたし置候間、外に才覺に及び申間舗由申聞候得共承引不仕、鍾聖玉も當二月に蘇州養濟院に居申候周氏之醫師を約諾仕、追て連渡り申筈に御座候[32]。

---

30) 日本学士院編『明治前日本薬物学史』第二巻、日本学術振興会、1958年3月、214-215頁。

31) 早川純三郎編『通航一覧』第6冊（全8冊）、国書刊行会、1913年11月、清文堂出版、1967年4月復刻、18-19頁。以下『通航一覧』第6冊と略す。

32) 『華夷変態』下冊、（財）東洋文庫、1959年3月、2840-2841頁。

唐船主の李勝先が蘇州の名医と称せられた呉戴南を連れ渡って来た。さらに鍾聖玉が蘇州養濟院の医師周氏を後日、日本へ連れ渡るとのことであった。

『長崎實錄大成』巻十、「長崎渡來儒士醫師等之事」によれば、

　江南蘇州府人　醫師　呉戴南　右ハ享保四年三月二十六日渡來。同六月十二日病死[33]。

とあるように、蘇州の医師呉戴南は享保四年三月十六日に長崎に入港した12番南京船で長崎に渡来したが、同年六月十二日に来日三箇月たらずで病死している。

　ついで来日した醫師は朱來章であった。

　享保六年辛丑七月、汀州府の醫朱來章渡來し、通事の宅に寄宿す。望の者は療養を請へき旨市中に觸らる。其後歸唐の年月詳ならす。同十乙巳年二月五日、儒士朱佩章、醫朱來章、同子章、同雙玉、周致來、孫輔齋等渡來し、朱章は書籍を獻す。是等召により渡來せしなるへし。後、佩章は騎射連渡の御請して信牌を願ふ。同十月西國筋諸家の醫師、望の者は長崎奉行に達し、かの醫に觸られ、同十一年丙午正月、官醫今大路道三、栗本瑞見仰を奉りて、…子章に書を贈りて療養數件を訊問す[34]。

朱來章の最初の来日について『長崎實錄大成』巻十一に、

33）古賀十二郎校訂『長崎志正編』長崎文庫刊行會、1928 年 1 月、363 頁。以下『長崎志正編』と略す。
34）早川純三郎編『通航一覽』第 5 冊（全 8 冊）、国書刊行会、1913 年 11 月、清文堂出版、1967 年 4 月復刻、458 頁。以下『通航一覽』第 5 冊と略す。

　　七月二拾一番船ヨリ唐醫朱來章渡來、九月彭城藤次右衛門宅ニ令在
　　留ラル[35]。

とある。さらに、『信牌方記録』には、

　　［享保六年］七月十六日貳拾壹番呉克修船入津仕候。此船より唐醫連
　　渡候。
　　　　朱來章　年四十三歳　福建汀州府人　　僕　沈士義　　德榮
　　阿慶[36]

とあるように、朱來章は享保六年（1721）七月十六日に、長崎に来航し
た。従者３名を連れていた。しばらくは、おそらく唐人屋敷いわゆる唐
館に滞在していたが、九月からは長崎通事の彭城藤次右衛門宅に滞在す
ることになる。
　朱來章はその後、享保七年に来航していた24番厦門船船主周源吉船の
享保八年（1723）七月二十一日の帰帆に搭乗して帰国した。同船に関す
る『唐船進港回棹録』の注記に「此船朱允光南京甲辰ノ牌ヲ領シ回棹」[37]
とあり、さらに『信牌方記録』には、

　　去々年來朝之唐醫朱來章御用向、相達候。爲御褒美、其甥朱允光ニ
　　臨時寧波牌を被與、朱允光僕共ニ貳拾四番船ニ便乞歸唐仕候[38]。

35）『長崎志正編』394頁。
36）『信牌方記録』（長崎縣立長崎圖書館古賀文庫藏）、大庭脩編著『享保時代の日中關係
　　資料一　―近世日中交渉史料集二―』関西大学出版部、1986年３月。『信牌方記録』、
　　55頁。以下『信牌方記録』として略す。
37）大庭脩編『唐船進港回棹録　島原本唐人風説書　割符留帳―近世日中交渉史料集
　　―』関西大学東西学術研究所、1974年３月、『唐船進港回棹録』、77頁。以下、『唐船
　　進港回棹録』と略す。
38）『信牌方記録』、69頁。

とある。享保六年七月十六日（1721年8月8日）に長崎に来航し、享保八年七月二十一日（1723年8月21日）に帰国した、ほぼ二年間長崎に滞在していた。そして再び兄等を伴って来航する。

享保十年二月五日に長崎に入港した6番寧波船朱允光船によって来航したのは、次の人々であった。

　　　朱佩章年六十四歳　朱子章年五十三歳　朱來章年四十七歳　朱允傳
　　　朱雙玉
　　　僕　德榮　阿任　阿貴　興貴　阿元
　　　右拾人、同廿四日官梅三十郎宅ニ御預ケ在留被仰付候[39]。

朱來章が乗船してきたのは先に甥の朱允光が受領した臨時信牌による船で、二人の兄と朱氏の一族2名の他に下僕5名を伴っていた。下僕の内、德榮は再来日であった。しかし朱子章は享保十一年（1726）三月二日に長崎において病死している[40]。朱子章は長崎滞在中に、「問ニ答る書之寫」において、徳川将軍の御殿医橘、栗両名からの質問に回答している。その各書に古閩醫生朱子章、福建醫士朱子章とあり、日付は「丙午年正月穀旦」[41]とある。享保十一年丙午正月吉日として記された。漢文の冒頭に、「太醫官橘老先生老大人臺下」[42]、「太醫官栗老先生老大人臺下」[43]、と書き出され、大通事の官梅三十郎の譯では「御殿薬橘老先生老大人へ」[44]、「御殿薬栗老先生老大人へ」[45]とあり、御殿医からの質問に対する回答であった。

39）『信牌方記録』、79頁。
40）『長崎志正編』363頁。
41）大庭脩編著『享保時代の日中關係資料一　―近世日中交渉史料集二―』関西大学出版部、1986年3月、『和漢寄文』、242、244頁。以下『和漢寄文』として略す。
42）『和漢寄文』、241頁。
43）『和漢寄文』、244頁。
44）『和漢寄文』、242頁。
45）『和漢寄文』、246頁。

　橘老先生とは今大路式部少輔親顯[46]のことで本姓は橘であり、曲直瀬商山とも号した。このうち御殿薬栗老先生は吉宗の御殿医となった初代栗本瑞見直方[47]であった。

　また朱來章は、『樂書』一部六套、『詩牌』壹箱、『長江圖畫』一軸、枝珊瑚樹一箱、銀鼠皮駕籠蒲團二以上五品を献上し、幕府から御用物として認められている[48]。朱子兄弟を連れ渡った功績により朱允光は一ヶ年限定の臨時牌から定例の信牌に加えられている[49]。

　朱來章は享保十年（1725）6番寧波船、船主朱允光の船[50]で来日した際に大部の書籍を齎した。どのような書籍を齎したかは『舶載書目』に「享保十年乙巳　六番舩書籍改　朱來章持本」として見られる。その一部を次ぎに掲げてみたい。

一　元亨療馬集	一部一套	一　抄本医馬書	二冊
一　前後漢書	一部八套	一　古唐詩帰	二部各二套
一　李杜全集	一部二套	一　丹渓心法	一部二套
一　医宗必讀	二部各一套	一　事文類聚	一部十二套
（中略）		一　大清會典	二部一部十二套　一部八套
一　大明會典	二部各八套	一　博古圖	一部十八冊
（中略）			
一　大清雍正三年時憲暦	一冊	一　新刻爵帙全覧	一部二冊　（中略）
一　福建通志	一部六套	一　山西通志	一部六套
一　山東通志	一部四套	一　江西通志	一部八套
一　雲南通志	一部六套	一　陝西通志	一部八套
一　江南通志	一部六套	一　盛京通志	一部一套

---

46)『通航一覧』第5冊、459頁。
47) デジタル版 日本人名大辞典＋Plus「栗本直方」の解説参照。註34）参照。
48)『信牌方記録』、80頁。
49)『信牌方記録』、80頁。
50)『唐船進港回棹錄』80頁。

一 廣西通志	一部一套		一 河南通志	一部四套
一 貴州通志	一部四套		一 湖廣通志	一部六套
一 四川通志	一部六套		一 廣東通志	一部六套
一 浙江通志	一部六套	（以下略）[51]		

　以上に一部を掲げたが、元亨療馬集に始まり多くの分野に及んで百種の書籍が見られ、吉宗が求めた法律書も地方志とりわけ省別志が殆ど揃っていた。

　冒頭に見られる『元亨療馬集』であるが、現在の国立公文書館内閣文庫の蔵書として２冊存在している。１冊は舊昌平坂学問所の所蔵であったものと、もう一冊は幕府の文庫である楓山文庫こと紅葉山文庫の旧蔵書で、『元亨療馬集』は紅葉山文庫の蔵書となったと思われる。それは内閣文庫の目録『改訂内閣文庫漢籍文類目録』に見え、

　　元亨療馬集　四巻元亨療牛集二巻後附一巻　明喩本　清刊　楓　四
　　子五〇　一七[52]

とある。この『元亨療馬集』は朱來章が舶載したか、その前年の享保九年（1724）十一月に五番南京船船主施翼亭が十一月初一日に長崎に来航[53]し、その際に舶載した書籍のいずれかであったことは確かであろう。『舶載書目』二十一、享保九年、甲辰書籍控に、３番、４番、５番、９番、辰十一月[54]の５番船、すなわち施翼亭の舶載書籍に、

---

51) 大庭脩編『宮内廳書陵部藏　舶載書目　附解題』上、関西大学東西学術研究所、1972年１月、『舶載書目　二十二』2-19丁。

52) 内閣文庫『改訂内閣文庫漢籍文類目録』内閣文庫、1971年３月、225頁。
　　『幕府書物方日記』享保十年三月十七日の条に「元亨療馬集四冊一帙」とある（『大日本近世史料　幕府書物方日記　五』東京大学出版会、1969年３月、180頁）ことから施翼亭が舶載したものであることがわかる。

53) 『唐船進港回棹錄』79頁。

54) 大庭脩編『宮内廳書陵部藏　舶載書目　附解題』上、「舶載書目」二十一、1丁。

　元亨療馬集　一部一套四冊六巻　御附藥方[55]

と見られるように、施翼亭の方が『元亨療馬集』を一年早く舶載している。
　そしてここに掲げた省別志を現在の内閣文庫に存在するかについて表
示してみた。

朱來章將來中国省別志と内閣文庫現存比較

朱來章舶載省志		省志刊行年・巻数			内閣文庫所蔵状況	
書名	部数	成立時期	西暦年	巻数	楓	冊数
福建通志	1部6套	康熙23年刻本	1684	64	史128-2	32
山西通志	1部6套	康熙21年刻本	1682	32	史133-3	36
山東通志	1部4套	康熙17年刻本	1678	64	史132-3	24
江西通志	1部8套	康熙32年刻本	1682	54	史125-2	40
雲南通志	1部6套	康熙30年刻本	1691	30首1	史137-3	40
陝西通志	1部8套	康熙6年刻本	1667	32首3	史134-1	48
江南通志	1部6套	康熙23年刻本	1684	76	史124-4	36
盛京通志	1部1套	康熙23年刻本	1684	32	史124-2	6
廣西通志	1部1套	康熙22年刻本	1683	40	292-128	30
河南通志	1部4套	順治17年刻本	1660	50	史131-1	19
貴州通志	1部4套	康熙36年刻本	1697	37	史138-1	18
湖廣通志	1部6套	康熙23年刻本	1684	80	史129-2	48
四川通志 四川總志	1部6套	康熙12年刻本	1673	36	史135-1	40
廣東通志	1部6套	康熙36年刻本	1697	30	史136-2	30
浙江通志	1部6套	康熙23年刻本	1683	50首1	292-43	40
畿輔通志		康熙22年刻本			史124-1	40

• 朱來章舶載省志は、朱來章が舶載したものを『舶載書目』から部数とともに掲げた。
• 省志刊行年・巻数は、中国科学院北京天文台主編『中國地方志聯合目録』中華書局、1985年1月
　に依拠した。
• 内閣文庫所蔵状況は、内閣文庫編『改訂内閣文庫漢籍文類目録』内閣文庫、1971年3月に依拠し
　た。史128-2とあるのは舊紅葉山文庫の蔵書であったもの。292-128、292-43は内閣文庫に明治
　以降に収蔵されたとされるものである。

　朱來章が舶載したのは享保十年（雍正3、1725）であったから、それ

55）同書、「舶載書目」二十一、44丁。

以前に出版されたものであるから15種の全てが康熙年間に出版され、廣西通志と浙江通志を除く13種は楓山文庫すなわち紅葉山文庫に所蔵されている。これらは朱來章が将来した省別志の可能性が極めて高い。

朱子章、朱來章の兄朱佩章は法典にも通じていた。そこで吉宗は深見新左衛門玄岱に命じて、朱佩章からさまざまな意見を聞いている。『有徳院殿御実記』巻十一には、

> 深見新左衛門玄岱、その子新兵衛有隣（初久太夫）は、もと明人高壽覺とひて、本邦に投化せし者の末にて、長崎の通事となりてありしが、文昭院殿（六代将軍徳川家宣）の時召れて儒臣の列に加はりける。享保に至りてもしばしば顧問を賜はり、律會典の通じがたき事ども、考へて奉るべきよし仰をうけたまはり、長崎に往來して唐商等と議し、律書の解あまた作りて奉りける。其頃商客とおなじく來りし朱佩章といへるは、もと軍官なりと聞えければ、佩章には射藝、馬政の事をも尋ねしめたまひしとなり[56]。

と見られるように、吉宗の法典等に関する疑問は、深見玄岱の子深見有隣が長崎に出向いて朱佩章等に解決を求めたのであった[57]。

なお馬書以外にも薬書も多く輸入されている[58]。その影響を受けてか日本でも薬書が多く刊行されている[59]。

『長崎實錄大成』巻十「長崎渡来儒士醫師之事」の記述に、享保十一年に来航した醫師に周岐來がいた。

江南蘇州府　醫師周岐來　右ハ享保十年六月十八日渡來、同十二年

56）黒板勝美、國史大系編修會編『德川實紀』第9篇、256-257頁。
57）大庭脩『江戸時代における中国文化受容の研究』233-244頁。
58）日本学士院編『明治前日本薬物学史』第二巻、218-223頁。
59）同書、223-231頁。

五月十一日歸唐[60]。

とある。『信牌方記録』享保十年乙巳年の条に、

六月十八日拾四番費贊侯船入津仕候。此船より唐醫連渡候事。
　周岐來　年五十六歳　江南蘇州府崇明縣人　　樊方宜　　周維全
　僕　毛天禄
右四人、七月十一日柳屋治左衛門宅ニ御預ケ在留被仰付候。其後爲
製藥手傳孫輔齋壹人、右同斷ニ在留被仰付候事[61]。

とあり、周岐來は56歳で蘇州府崇明縣の人であった。彼の他に樊方宜と
周維全そして下僕を伴っていた。最初は唐通事の柳屋宅に留まったが、
製藥を行う手伝いとして孫輔齋も一緒に柳屋宅に滞在したようである。
周岐來等を連れ渡った費贊侯は御褒美として「丙午壹年限厦門牌」を受
領した[62]。周岐來は製藥のために必要として彼の弟を日本へ呼んでいる。
『信牌方記録』享保十一年（1726）の条に、

拾番陸南坡船より渡來候周岐興并僕毛天福共ニ爲製藥手傳、兄周岐
來より御願申上候處、願之通御免ニて九月二日、柳屋治左衛門宅ニ
御預ケ居住被仰付候[63]。

とあるように、周岐來の要請により弟の周岐興が製藥作業の手伝いとし
て来日させた。周岐興が伴ってきた下僕毛天福は周岐來と一緒に来日し
た毛天禄の兄弟であろう。

60）『長崎志正編』363 頁。
61）『信牌方記録』、81 頁。
62）同書、85 頁。
63）同書、91 頁。

周岐來であるが、医業を本業としていた、先に触れたように享保十年（1725）14 番南京船船主費賛侯の船で来日[64]し、周岐來は享保十二年（1727）五月十一日に享保十一年 41 番厦門船船主の費賛侯[65]の船で帰国した。周岐來の長崎滞在中の業績として「御尋之儀奉答書付之内抜書 周岐來」[66]と「唐醫周岐來　幼科折衷序」[67]があり、「幼科折衷序」の末尾に「丙午清和既望古瀛州後學周岐來氏題」[68]とあるように、丙午すなわち雍正四年、享保十一年（1726）のことで、清和は中国の農歴では四月の俗称とされるから、周岐來の帰国前一箇月ほどに認めたことがわかる。この序は唐通事の柳屋治左衛門が翻訳している[69]。さらに九州唐津藩の醫師河野玄達の質問に応答した記録もある。「唐津矦之臣河野玄達唐醫周岐來と問答之實」[70]と見られる。

　『長崎實錄大成』巻十「長崎渡来儒士醫師之事」の記述に、享保十一年に来航した醫師が知られる。

　　江南蘇州府人　醫師　趙淞陽　右ハ享保十一年十月十九日渡來、同十四年八月二十八日歸唐[71]。

とあり、さらに同書、巻十一、「唐船入津並雑事之部」の享保十一年の条に、

　　十月二拾六番船ヨリ唐醫趙淞陽渡海ス。河間八平治宅ニ令在留ラ

64）『唐船進港回棹錄』、80 頁。
65）同書、84 頁。
66）大庭脩編『享保時代の日中關係資料二〈朱氏三兄弟集〉―近世日中交渉史料集三―』関西大学出版部、1995 年 3 月、661-663 頁。
67）同書、665-666 頁。
68）同書、666 頁。
69）同書、666-667 頁。
70）同書、680-687 頁。
71）『長崎志正編』、363 頁。

ル[72]。

とある。『唐船進港回棹録』によれば享保十一年（1726）十月九日に長崎に入港した26番南京船の船主高令聞の船で来航した[73]。その注記に、

　醫師趙淞陽ヲ請來、依其賞暫本港ノ内ニシテ該一次ヲ給フ。歳六十三[74]。

とあるように、趙淞陽は63歳であった。
　『信牌方記録』享保十一年丙午年に、

　十月九日廿六番高令聞船入津仕候。此船より唐醫を連渡候。
　　趙淞陽　年六十三歳　蘇州府崑山縣人　高輔皇　　呉宿來　　僕
　　徐安
　右河間八平次宅ニ御預ケ在留被仰付候[75]。

とあるように、趙淞陽は63歳で蘇州府崑山縣の人で、彼の他に関係者二名と下僕一名が渡来した。趙淞陽の長崎滞在中は唐通事の河間八平治宅に滞在していた。趙淞陽を招聘したことで高令聞は一度限りの信牌を給付されたのであった。趙淞陽は帰国に際しても高令聞が船主の享保十四年四番厦門船、同年八月二十八日帰帆[76]の船に搭乗したのであろう。
　『通航一覧』によると、

　享保十二丁未年六月二十一日、二十番、二十一番船より、浙江杭州

72）『長崎志正編』、397頁。
73）『唐船進港回棹録』、83頁。
74）同書、83頁。
75）大庭脩編『享保時代の日中關係資料一　―近世日中交渉史料集二―』、91頁。
76）同書、88頁。

府人射騎陳采若、浙江寧波府人射騎沈大成、江南蘇州府人馬醫劉經光渡來、七月二十四日、從江府馬仕入之御用に付、富田又左衛門被差越、右射騎醫唐人、馬醫唐人共、馬場村勘定屋敷に在留せしめ、御用爲通辯、唐通事差添置て、同十六年辛亥年四月十二日歸唐。沈大成は同年十月朔日歸唐[77]。

とあり、享保十二年（1727）に射騎の陳采若と沈大成と馬医の劉繼光が来日したとある。『長崎實錄大成』巻十「長崎渡来儒士醫師之事」には、享保十二年に長崎に来航した人物として次の人物が見られる。

浙江杭州府人　射騎陳采若　　江南蘇州人　馬醫劉經先　　浙江寧波人　射騎沈大成
右ハ享保十二年六月廿一日渡來、内陳采若、劉經先ハ同十六年四月十二日歸唐、沈大成ハ同年十月朔日歸唐[78]。

とあり、射騎陳采若、馬医劉經先、射騎沈大成の3名が同船に搭乗して享保十二年六月二十一日に来日した。この日に長崎に入港した船は3隻であるが、その1隻が鍾聖玉の代理として入港した20番廣南船で船主が鍾觀天[79]であった。そして射騎陳采若、馬医劉經先の帰国した享保十六年（1731）四月十二日に長崎を出帆[80]したのが、享保十五年（1730）の17番寧波船で船主が鍾觀天であった。このことから後述する李衛の雍正六年（享保13、1728）八月初八日付の奏摺に見える「鍾近天」[81]が日本側の記録に見る鍾觀天であったことは確かであろう。鍾近天こと鍾觀天が射騎や馬医の来日に協力していたことになる。そして李衛奏摺の「張

77）「長崎實錄大成」、「長崎年表舉要」、『通航一覧』第5冊、562頁。
78）『長崎志正編』、364頁。
79）『唐船進港回棹錄』、85頁。
80）『唐船進港回棹錄』、90頁。
81）『宮中檔雍正朝奏摺』第11輯、國立故宮博物院、1978年9月、54頁。

燦若」が、日本側の記録に見る「陳采若」であったことも確かと思われる。さらに沈順昌が来日させたとされる「蘇州獸醫」とは鍾覲天が来日させた劉經先であったことも歴然であろう。「長崎年表舉要」に、

　　享保十二年十二月九日、四十一番船より、浙江杭州府人沈燮渡來、
　　同十六辛亥、御用相濟、銀五十枚并信牌一枚被下、戌十六番船に便
　　乞歸唐す[82]。

とある。『長崎實錄大成』巻十、「長崎渡來儒士醫師等之事」に、

　　浙江杭州府人　儒士沈燮庵　右ハ享保十二年十二月九日渡來。同十
　　六年四月十一日歸唐[83]。

とある。『唐船進港回棹錄』享保十二年の記述に、

　　四十壹番厦門船　一次　孫輔斎代　楊澹齋　本年十二月九日帶未牌
　　進港
　　　　　　　　　　　　　　　　申九月廿三日回棹
　　　孫輔齋モ同ク來、但シ先生沈燮庵同船。杭州府人、歳貢生、
　　　年五十五歳。
　　　原牌只該年一次限完。因不給牌。牌主楊澹齋歸唐。孫輔齊、
　　　沈燮庵住館内[84]。

とみられる。沈燮庵は孫輔齋とともに、船主楊澹齋の船で来航して、両名ともに長崎の唐人屋敷に滞在したのであった。

---

82)「長崎年表舉要」、『通航一覧』第 5 冊、562 頁。
83)『長崎志正編』364 頁。
84)『唐船進港回棹錄』、86 頁。

『長崎實錄大成』巻十「長崎渡来儒士醫師之事」には、享保十六年（1731）の渡来として次の人物が見られる。

　　畫工　沈南蘋　右ハ享保十六年十二月三日渡來、同十八年九月十八日歸唐[85]。

とあり、同書巻十一、「唐船入津並雑事之部」の享保十六年の条に、

　　十二月三日三拾七番船より畫工沈南蘋連渡ル[86]。

とある。『唐船進港回棹錄』によれば、享保十六年十二月三日に入港したのは、37 番南京船で船主は陳朗亭と高友聞であった[87]。この沈南蘋こそが日本の近世絵画に大きな影響を与えた沈南蘋、沈銓であった。彼の画風は清初の文人画壇を代表する惲格の流派に連なる画人であった[88]。沈南蘋は享保十八年（1733）九月十八日に帰帆した享保十六年 38 番南京船と来日した船と同じ船[89]に搭乗して帰国したようである。

3-2　徳川吉宗が探求した中国の諸物

　吉宗の命により、長崎来航の中国商人を通じて中国からさまざまな物が取り寄せられ、「御用物持渡」と称せられている。

　これに関して『通航一覧』巻二百二十七、「御用物持渡并信牌願等」にも次のように見られる。

85）『長崎志正編』364 頁。
86）同書、400 頁。
87）『唐船進港回棹錄』、93 頁。
88）松浦章『近世東アジア海域の文化交渉』思文閣出版、2010 年 11 月、59-62 頁。
89）『唐船進港回棹錄』、93 頁。

享保五庚子年二月、伊孚九渡來、嚮に兄伊韜吉に命せられし唐馬を牽渡る。同十乙巳年十一月、明朝以前の古畫數帖を摹寫して持渡るへき旨、費賛侯に命せられ、また沈玉田には書籍持渡を仰付らる。同十一丙午年正月、藥草の事御尋あるにより、費賛侯はしめ在館の船主等九人、再渡の時、各持渡るへきむね御請せり。同八月、また丁益謙、施翼亭等に藥草苗持渡を命せらる。よりて外國捜求せるをもて、咬吧港門臨時の信牌を賜はらむ事を願ふ。施翼亭は唐犬載渡の事をも奉はる[90]。

享保十乙巳年五月、さきに牽渡りの唐犬御用なり。猶數疋牽渡りを黄哲卿に　さきに歸唐せし、蘇州府の船主なり。達すへしと、寧波の船商邵聚文に命せらる。同十二丁未年、寧波の船主施大典去年命せられし藥種捜求せしか、今に得さるにより猶採辦し、重ねて持渡るへき旨言上す。再度持渡りの事、今所見なし。同十四乙酉年十月、寧波府の商船數艘入津す[91]。

　享保五年（1720）二月十一日に長崎に入港した2番南京船に中国の馬二匹が持ち渡られた。同船の報告によれば、享保三年（1718）に長崎に来航した31番南京船の船主であった伊韜吉が「唐國之良馬」を日本へ連れ渡るように依頼されたが、中国西北部での準噶爾（ジュンガル）との抗争により中国国内の良馬の需要が高まって、良馬が手に入りにくく、浙江の舟山において地方官憲を通じて「乗馬貳疋」を求め得て、伊韜吉が病気のため弟伊孚九が伊韜吉名義の信牌を所持し馬二匹を伴い来航したのであった[92]。伊孚九は江戸時代の画壇に大きな影響を与えた絵師としても知られる人物である[93]。

---

90)『通航一覧』第6冊、20頁。
91)『通航一覧』第6冊、7-8頁。
92)『華夷変態』下冊、2867-2868頁。
93) 松浦章『近世東アジア海域の文化交渉』、62-65頁。

明朝以前の古畫數帖の模写を依頼されたのは費贊侯であった。『和漢寄文』三の「明朝以前之名畫寫持渡候儀費贊矦御請之書付」によれば、

　　蒙諭委帶明朝以前之名畫十家、至十四五家、要總七八十張至一百張
　　内、其畫幅一様寬大、臨就做成冊頁、毎家名畫五六張、若罕有之名
　　畫、即一幅、亦不妨、其畫様山水・人物・花鳥・草虫等、總要照本
　　畫筆勢彩色濃淡墨色、須要酷似各家風儀之別、致臨來畫之總數内彩
　　色七八分、水墨二三分、敢不遵依、但名家古畫、係罕有之物、官府
　　富家珍藏、惟恐借來臨畫、勢必延遲歲月、贊自當端力承辦、須俟臨
　　就帶來進上、爲此具呈。
　　　　享保十年十一月　　日　　　　　　　　　第十四番南京船主費贊矦[94]

とあるように、享保十年（1725）六月十八日に長崎来航した14番南京船船主の費贊侯[95]が、同年の十一月に日本側の依頼を受けたのであった。

　沈玉田には「六科錄疏」を中国において探すように求められたが、探求することが出来なかったと報告している[96]。

　犬の他に象の来日も要請した。『通航一覧』巻175，安南國部5、「御所望象始末」に見える。

　　享保十一年丙午十二月、東京の船主呉子明に象牽渡るへき旨命せらる。よて同十三戊申年六月十三日、交趾國より牝牡二象を載せ渡り、同十九日唐人屋敷に牽入たり。其よし七月朔日江戸に注進す[97]。

　享保十一年（1726）十二月二十四日の38番東京船の船主として来日

94）『和漢寄文』、231頁。
95）『唐船進港回棹錄』、80頁。
96）『和漢寄文』、267頁。
97）早川純三郎編『通航一覧』第4冊（全8冊）、国書刊行会、1913年11月、清文堂出版、1967年4月復刻、520頁。

した呉子明は同船の船主呉子衡とともに長崎に入港した。この船は翌年
十二年（1727）四月二十九日に帰帆するが、

　　暹羅　呉子明　戊申之來販ニシテ船隻外、該年壹次之文句[98]。

と、呉子明は暹羅牌を臨時に支給されている。これは象を日本へ牽引す
るために新信牌を支給されたのであろう。
　象の牽引を実現したことについて『通航一覧』が引用している「長崎
紀事」に次のように記されている。

　　享保十三戊申年六月十三日、鄭大威、廣南仕出之船一艘入津し、象
　　二匹牽渡る。但牡象七歳に成、牝象五歳に成よし。南京造の大船に
　　て、象遣ひの廣南人二人相添入津す。同十九日右の船を大波戸に引
　　付、材木をならへ陸地に作續、象を本船よりおろし、唐人屋敷上段
　　の明き部屋に被差置之。但同九月十一日夜牝象斃る[99]。

　享保十三年（1728）六月十三日に入港した廣南船にて、牡牝の各一匹
の象が来日した。『唐船進港回棹録』によれば、19番廣南船で船主は鄭
大威であった[100]。この2匹の象を積載してきた船は、「南京造の大船」と
あるから平底海船で、おそらく沙船型であったろう。それは象を船に積
載しやすい形状であったためと思われる。一般的には廣南船は南シナ海
から来航するため尖底型の鳥船型の大型船であるが、今回は象を積載し
てきたので、平底海船[101]が使われたのであろう。象の来日に関しては大
庭脩氏の『江戸時代の日中秘話』[102]が詳しいので、同書を参照されたい。

　98）『唐船進港回棹録』84頁。
　99）『通航一覧』第4冊、522頁。
100）『唐船進港回棹録』87頁。
101）松浦章『清代上海沙船航運業史の研究』関西大学出版部、2004年11月、17-31頁。
102）大庭脩『江戸時代の日中秘話』160-170頁。

徳川吉宗は中国へ薬草や薬草苗を求めたとのことであるが、吉宗自身も薬物に関して強い関心を持っていた。吉宗の治世を評した『有徳院殿御實紀附録』巻五にも、

　　薬物の價年を追て貴くなり、諸醫これにくるしむのみならず、諸民もまた患ふる所少からず、いかにも長崎に來舶の數多くなる様に、はからせ給ふべきか[103]。

とあるように、薬価格の高騰は医者のみならず庶民までも苦しめていたので、なんとか海外からの輸入量を増やしてはとの考えであり、中国商人に薬草や薬草苗を探求するように注文したのはこのような吉宗の意思が働いていたためであろう。

　薬種に関しては『和漢寄文』三之下に、「薬種御尋之答」が見られ、日本への持渡を命じられたのは享保十年六月から十一月までに長崎に来航した、14番南京船主費賛矣、同15番廣南船主董宜叶、同17番東京船主翁聖初、同18番暹羅船主陳憲卿、同19番寧波船主陳伯威、同20番寧波船主余一觀、同24番廣東船主郭裕觀、同25番南京船主沈人長、同28番南京船主丘永泰の9名であった[104]。

　先に近藤正齋が触れた「享保十一年　七月南京船主俞枚吉、採參紀畧一冊ヲ上ル。　庶物類纂二十一年七月南京船客俞枚吉、上遼東人參乾根葉併參實百餘種、附採參紀畧一本。又享保十二年正月上遼東參乾根四株、附參草圖。」[105]に関して、稲生若水・丹羽正伯編『増補　庶物類纂』草屬一、巻一、人參は、「神農本經」より引用して記述し、最後は「康熙字典」の引用で終わっている[106]。同書巻二は、「薬似人物、隋書云、上黨有

103) 黒板勝美・國史大系修會編『徳川實紀　第九編』吉川弘文館、1982年2月、187頁。
104) 『和漢寄文』、250頁。『唐船進港回棹錄』、80-81頁。
105) 『近藤正齋全集』第二、298頁。
106) 稲若水・丹羽正伯編『庶物類纂』第X巻増補版、科学書院、1988年11月、12-21

人、…」[107)]で記述されるが、その後半部分に、

　　機（丹羽正伯、名は貞機、稲生若水の弟子）謹按、本邦古來稱人參
　　不鮮矣。延喜式入貢亦載焉。皆沙參也。…又命肥前州長崎之有司、
　　諭西清之舩客、携來生根、且使譯官應對參之數條、録備覽[108)]。

とあり、その後に、

　　沈茗園人參之承諭
　　　承
　　問、人參産於遼東、其自然、而生者固多、但觀毎年産參無窮、其間
　　或有人栽種、亦未可栽種之法、還是下子還是分根、再栽種、宜於何
　　時、宜於何土。又人參在土内、取出製法、或蒸、或煮、或晒等。
　　　諭承
　　委。茗敢不遵依、因道路遼遠、不明路徑、不能親往、回唐之時、務
　　差的當精熟之人、到遼東産之地、訪問人參栽種、下子分根、所宜何
　　時、所種何土、如何製法諸項、并採取人參眞種、或一年、或二三年、
　　務在不悞此事、立此具証。
　　享保七年正月　第十四番南京舩主　　沈茗園[109)]

と見られる。これは享保六辛丑年（1721）の第 14 番南京船船主として
来航した沈茗園が、翌年の正月に「人参」について回答した記録である。
沈茗園は、『唐船進港回棹録』によれば、享保六年六月十六日に長崎に入
港し、翌七年（1722）三月十八日に帰国している[110)]。その註には、

　　頁。
107)　同書、24 頁。
108)　同書、27 頁。
109)　稲若水・丹羽正伯編『庶物類纂』第 X 巻増補版、28 頁。
110)　『唐船進港回棹録』、74 頁。

李淑若牌　自ノ牌ハ二十四番潘紹文ニ譲ル。先キニ記ス。自分ハ新
ニ南京港門、壬寅ノ牌ヲ領シ回棹[111]。

とあることから、沈茗園は李淑若牌を用いて長崎に来航した。李淑若は
享保四年の十番南京船船主として三月十五日に来航し、同年十二月十九
日に帰国した[112]。沈茗園はその時の李淑若の信牌を使って享保六年に来
航し、その信牌は二十四番船の脇船頭すなわち副船主であった潘紹文[113]
に譲渡した。しかし沈茗園は新たな信牌「南京港門、壬寅牌」を給付さ
れたのである。その新信牌給付の理由が、ここに触れた『庶物類纂』に
記録されたように、遼東人参の舶載に協力したことによるためであろう。
　この遼東人参の輸入に貢献したのは兪枚吉であった[114]。
　『庶物類纂』は、沈茗園の回答に続いて「採參紀畧」を掲げている。

　　國朝法律、以産參之地、附近陵寝禁制甚嚴、沿途挨次、設立旗下官
　　兵、防守偸採、一被緝獲先割脚筋下獄。…
　　　計開
　　　　活參三株　　乾參三株　　參子一包[115]

とある。「採參紀畧」こそが、先に触れたように南京船客兪枚吉が舶載し
た。
　『庶物類纂』は、続いて「人参譜」[116]を掲げ、その末尾に、

111) 同書、74 頁。
112) 同書、71 頁。
113) 『華夷変態』下冊、2911 頁に享保六年「貳拾四番船之唐人共申口」に、「脇船頭潘紹
　　文は、…」とある。
114) 日本学士院編『明治前日本薬物学史』第二巻、216 頁。
115) 稲若水・丹羽正伯編『庶物類纂』第 X 巻増補版、28-29 頁。
116) 同書、30-32 頁。

丙午歳弟八番南京船客兪枚吉謹識[117]。

とある。丙午すなわち享保十一年（1726）の8番南京船船主施翼亭の船
客として来航した。

兪枚吉の齎した遼東人参に関して、『増補　庶物類纂』巻二には、

> 機謹按、享保十一年丙午七月、南京舩客兪枚吉上遼東人参乾根葉、
> 併參實百餘粒、附採參紀畧一本。…丙午。上者三椏五葉之物、而符
> 合于諸本草所説人參讚之形状[118]。

とあり、享保十一年（1726）の8番南京船、船主施翼亭の船客として来
航した兪枚吉が齎した遼東人参は、乾燥した人参の根と葉そして、人参
の實を100餘粒と「採參紀畧」一冊を齎したとされる。この人参の種子
から成長して御種人参の祖となり、日本での増殖に成功したとされてい
る[119]。

兪枚吉には、人参舶載の貢献により新信牌が給付された。『唐船進港回
棹録』には、享保十一年八番南京船船主施翼亭に関する記述に、暹羅牌
が兪枚吉名義で与えられている。同書の注記に、

> 翼亭ノ客、此臨時ヲ給フ。御用ヲ承タル故也。
> 丁未之來販ニシテ船隻外、該年壹次ノ文句[120]。

と記されるように、御用すなわち人参舶載に関する貢献に対して新規の
信牌が給付されたのであった。

117）同書、32頁。
118）稲若水・丹羽正伯編『庶物類纂』第X巻増補版、35頁。
119）日本学士院編『明治前日本薬物史学』第二巻、214-216頁。
120）『唐船進港回棹録』、82頁。

享保十一年八月には、丁益謙、施翼亭の両名に『唐船進港回棹録』に
よると「御用ヲ承タル故」として臨時の「咬吧牌」を給付されている[121]。
先に触れたように丁益謙と施翼亭とは、薬草苗の舶載に、施翼亭はさら
に唐犬の舶載に貢献している。また施翼亭は、享保九年十一月に、『文献
通考』、『續文献通考』などとととともに『元亨療馬集』一部の舶載も行っ
ている[122]。施翼亭の前の船すなわち享保九年四番南京船の船主丁益謙は、
『重修　洛陽縣志』、『文苑英華』、『重修　汝寧府志』、『司馬温公文集』、
『黄河圖總説』[123]等の書籍を齎した。このような貢献に対し丁益謙、施翼
亭両名に臨時牌が給付されたことは確かである。
　『和漢寄文』四によれば、唐犬の注文は、最初、黄哲卿にされて、彼が
4匹を齎した。しかし3匹は好まれたが、虎毛の犬は求められず、さら
に黄哲卿に再度雄雌を交えて5-10匹の渡來を求めた。そして施翼亭に唐
犬載渡を命じている[124]。それは『通航一覧』の編者が、

　　按するに、唐犬また御好かはりて、明年八月蘇州府の船主施翼亭に
　　仰付らる[125]。

と、おそらく吉宗の唐犬の好みが変わったためであろう。
　『和漢寄文』四、「薬種品付之儀申出候書付」[126]によれば、享保十二年
正月に、前年十二月晦日に長崎に来航した42番廣東船の船主である費元
佐[127]が報告し、「極上薬材五種、再來之日、蒙論委帯」と極上薬剤を再
来の時に持ち渡るようにとの指示を受けて、「此番帯來五種、俱係極上薬

---

121) 『唐船進港回棹録』、82頁。
122) 大庭脩編『宮内廳書陵部藏　舶載書目　附解題』上、「舶載書目」二十一、25-74丁。
123) 同書、「舶載書目」二十一、7-24丁。
124) 『和漢寄文』、286-287、295-296頁。
125) 『通航一覧』第6冊、8頁。
126) 『和漢寄文』、340-341頁。
127) 『唐船進港回棹録』、84頁。

材」と極上の薬剤五品を舶載してきた[128]。また42番廣東船より数日前に入港した41番厦門船の船主費贊侯[129]も「極頂上等藥材毎様十數劻」[130]を選んで舶載してきた。

　このように、唐馬、古畫、書籍、薬剤、唐犬などの日本側からの注文に応じた中国商人がいたのである。

3-3　徳川吉宗治世期に渡来した中国僧

　徳川吉宗の治世期の享保年間に複数の唐僧すなわち中国僧侶が渡来している。その要因について『通航一覧』巻二百九、「僧渡來住職」には、

　　爲上意、宇治黄檗山に隠元嫡派の名僧を可被招請旨[131]。

と記されているように、吉宗の上意により宇治黄檗山萬福寺開祖の隠元の法系を絶やさないように中国から名僧を招聘するようにとのことであった。そのために、

　　唐國三處に書翰を令相渡[132]。

と、中国の三箇所とは福州の黄檗山萬福寺そして浙江省杭州にある靈隠寺と福嚴寺[133]の三寺に日本への僧侶の招聘を要請したのであった。これには、長崎にあった唐寺三箇寺も関与した。三箇寺とは、崇福寺、興福

128）『和漢寄文』、340頁。
129）『唐船進港回棹錄』、84頁。
130）『和漢寄文』、341頁。
131）『通航一覧』第5冊、364頁。
132）『通航一覧』第5冊、364頁。
133）『通航一覧』第5冊、368頁。

寺、福濟寺である[134]。その三箇寺の書翰が記録されている。

　「長崎三箇寺之唐僧添書翰」に付された「和解」を一部引用してみたい。

　　　大日本國西海道長崎鎭興福寺浄印、崇福寺照浩、福濟寺正餛、謹て書を大淸國福州黄檗寺大方丈座下に奉り候。然は浄印等、中華同く居候とも、終に御親み申候儀も無之候。只今海外に罷在候後は、御懐しく存候得共、不能其儀候、爰に啓上候は、此方日本國山城州黄檗山萬福寺事は、高法祖隠元國師開山にて、唯今まで相續十二代、皆唐國より東渡せし僧にても、唯今之堂頭杲堂法名元昶申候は。是又近年渡來られ候て、最初長崎興福寺に住職候處、壬寅冬、國命を奉受、黄檗に登山有之て、住職致され候、舊例之通にて候へ共、堂頭退隠候においては、皆長崎三箇寺より席を繼申事にて、去年新に國命を奉請候は、向後、黄檗繼席之儀は、唐國より別に正敷國師之兒孫之内、出生開堂候て、しかも才德兼備、學識勝候僧を請し可申との御事にて、爰に仰付有之候、上堂頭より、書札進物等を差添、唐船之商人へ言傳之、座下御尋求被下候様、頼入られ候。…[135]

とあるように、長崎の唐三箇寺の興福寺浄印、崇福寺照浩、福濟寺正餛３名の連名にて福建の福州黄檗山萬福寺へ、開祖隠元の法系に連なる僧侶の日本への渡来を招請したのであった。それは「國命」すなわち時の将軍徳川吉宗からの命令であり、その使者として長崎に来航する唐船船主に依頼したのであった。先に渡来した杲堂は壬寅年冬すなわち享保七年（1722）冬に国命によって、長崎から京都宇治の黄檗山に赴いたため、それに続く中国僧の渡来が必要であったのである。

　享保年間の渡来僧については、『通航一覧』の記述から抜粋すると以下

---

134)『通航一覧』第５冊、369-369頁。
135)『通航一覧』第５冊、368-369頁。『和漢寄文』三、『和漢寄文』、281-282頁。

の唐僧が知られる。

　享保六辛丑年、僧杲堂渡來して長崎興福寺の住持となり、明年黄檗山萬福寺に移りて繼席となる[136]。

　［享保］八癸卯年、竺庵又渡來し、興福寺の後住となり、後また黄檗山の繼席となる。同九甲辰年七月、萬福寺は隠元嫡派の唐僧選擧すへき旨、鈞命ありしにより、同十一丙午年、招請の事を、福州府の黄檗山ならびに杭州府の二箇寺に、杲堂より、各通の書簡を贈るによて、長崎の三箇寺　崇福寺、興福寺、福濟寺なり。よりも副簡して、五月歸唐の船頭、柯萬藏に托せしかは、明年福州府の仲祺和尚渡來すへきよしの返簡到來せり。萬福寺に書簡ならひに贈物等の入費を賜はりしか、同十六辛亥年にいたり、仲祺遷化のよしを申、是まで柯萬藏等、仲祺の事により偽計ありしかは、重ねての渡來をとどめらる。此時浙江省杭州府の僧、鐵船渡來すへき返簡持渡り、願ひにより信牌を與へしかとも、猶船主等の偽りにや渡來もなく、信牌も返納せしかは、遂に唐僧渡來は止みたり[137]。

　『長崎實錄大成』巻十一、長崎入津竝雑事之部に、中国からの僧侶の来日が記録されている。

　享保四己亥年　　六月何定扶船ヨリ唐僧道本渡海、崇福寺第六代ノ住持ト成ル[138]。
　享保六辛丑年　　唐僧杲堂渡海、興福寺第六代ノ住持ト成ル[139]。
　享保七壬寅年　　唐僧伯珣渡海、以後崇福寺第三代ノ住持ト成ル。

---

136) 『通航一覧』第 5 冊、363 頁。
137) 『通航一覧』第 5 冊、363-364 頁。
138) 『長崎志正編』、393 頁。
139) 同書、394 頁。

　　　　　　　　　同仲瑛同時渡海。同寺ニ住ス[140]。

　　　　　　　　　唐僧大鵬渡海、以後福濟寺第七代ノ住持ト成
　　　　　　　　　ル[141]。

享保八癸卯年　　　唐僧竺庵渡海、興福寺第七代ノ住持ト成ル[142]。

　享保四年（1719）から八年（1723）にかけて、6名の唐僧が来日した。
これら6名の唐僧の内、道本を除く5名は後に、京都宇治の黄檗山萬福
寺の繼席となっている。杲堂が第12代、竺庵が第13代、大鵬が第15、
18代に、伯珣が第20代、そして仲瑛は大成照漢として第21代の繼席と
なった[143]。享保四年に来日した道本寂伝は、福建福清縣の人で、伯珣、仲
瑛こと大成の日本への招聘に尽力した[144]。

　このように、隠元の中国からの渡来以来、黄檗山の法系は中国僧侶の
来日によって繼承されていた。吉宗もその方針を繼承したのであった。

4　浙江総督李衛が監視した渡日の中国商人

　上述のように、享保四年（康熙58、1719）以降、日本から中国の知識
人とりわけ医師、馬医、薬草専門家や法律家を招請し、さらに唐馬、古
画、書籍、薬剤、唐犬などの舶載を求め、さらに黄檗宗に関する僧侶の
招請を行うなどの顕著な人的、物的移動を求めたことに対して、中国側
では看過していたわけでは無い。とりわけその動静を注視して監視して

140）同書、395頁。

141）同書、395頁。

142）同書、396頁。

143）黄檗宗布教師会編『黄檗宗大本山萬福寺歴代住持集』黄檗宗布教師会、2011年5月、
　　20-21、22-23、24-25、29-30、30-31頁。

144）大槻幹郎・加藤正俊・林雪光編『黄檗文化人名辞典』思文閣出版、1988年12月、
　　265-266頁。

いたのが浙江總督となった李衛であった。

李衛は雍正三年（享保10、1725）十月戊辰（四日）に雲南布政使から浙江巡撫となり、雍正七年（享保14、1729）三月丙寅（二十二日）までその任にあったが、雍正五年（享保12、1727）十一月丁巳（五日）より閩浙總督から増設された浙江総督となった。その後、雍正十年（享保17、1732）七月戊戌（十四日）直隷總督[145]となるまで、巡撫時代、總督・巡撫兼管時代を含めてほぼ七年にわたって浙江省の地方業務を行っていた。李衛の浙江省に関与した時期の雍正三年から十年は、日本では德川吉宗治世の享保十年から十七年に相当する。

この間、李衛が顕著な日本の動向に注視して雍正帝に報告した奏摺が、雍正六年（享保13、1728）八月八日[146]付、同年九月二十五日[147]付、十月十七日[148]付、十一月初三日[149]付、十二月十一日[150]付、同七年（享保14、1729）九月二十日[151]付、同八年（享保15、1730）三月初十日[152]付、同四月十五日[153]付、同九年（享保16、1731）六月十九日[154]付、十三年（享保20、1735）六月初四日[155]付の多きにわたる。

そこでこれらの李衛奏摺から、李衛が注視した中国商人等について見てみたい。李衛から最初に監視された商人は王應如、鍾近天、沈順昌、

145）錢實甫編『清代職官年表』第二冊、中華書局、1980年7月、1580-1584、1391-1396頁。
146）『宮中檔雍正朝奏摺』第11輯、國立故宮博物院、1978年9月、53-56頁。
　　宮崎市定氏が『雍正硃批論旨』不分巻本の同日条を「探聴日本動静摺」として訳されている（宮崎市定『政治論集』中国文明選11、朝日新聞社、1971年2月、255～279頁）が、中国商人等の詳細については述べられていない。
147）『宮中檔雍正朝奏摺』第11輯、411-413頁。
148）『宮中檔雍正朝奏摺』第11輯、555-556頁。
149）『宮中檔雍正朝奏摺』第11輯、674-676頁。
150）『宮中檔雍正朝奏摺』第12輯、國立故宮博物院、1978年10月、56-58頁。
151）『宮中檔雍正朝奏摺』第14輯、國立故宮博物院、1979年2月、490-491頁。
152）『宮中檔雍正朝奏摺』第15輯、國立故宮博物院、1979年1月、844-846頁。
153）『宮中檔雍正朝奏摺』第16輯、國立故宮博物院、1979年2月、235-236頁。
154）『宮中檔雍正朝奏摺』第18輯、國立故宮博物院、1979年4月、406-408頁。
155）『宮中檔雍正朝奏摺』第24輯、國立故宮博物院、1979年10月、764-767頁。

費贊侯であった。

初時有福州民王應如、於天文戰陣之事、渉狩獵不精好、爲談論、首
受其萬金厚利、排演陣法年餘。即伏冥誅復薦引一廣東長鬚年滿千總、
不知姓名、毎年受伊數千金、爲之打造戰船二百餘號、習學水師[156]。

　最初に取り上げられたのは福州の王應如であった。戦術に関する人物、
廣東出身の千總にあった人物を日本へ紹介した嫌疑がかけられた。
　確かに王應如は長崎へ来航していた。日本において長崎来航の唐船主
等から徴集した風説書を収録した『華夷変態』に見える。享保三年（康
熙57、1718）17番寧波船主として長崎に来航した際の記録に、三月十
二日に51名とともに寧波を出港し、三月二十五日に入港している。寧波
長崎間の航海はほぼ2週間の航海であった。

船頭王應如儀は、五年以前四十四番船おり船頭仕罷渡り、翌未年迄
致滞船、於御當地に信牌を領し歸唐仕候[157]。

　王應如は正徳四年（康熙53、1714）甲午の年に来航し、同五年（康熙
54、1715）乙未年まで長崎に滞在していた。その理由は、長崎奉行が正
徳五年に長崎貿易の制度を変更し、あらたに唐船各船に信牌を給牌する
ため、帰国を制限したためであった。王應如は寧波丙申[158]、すなわち享
保元年の再来日を許可された信牌を受領して帰帆したのであった。その
信牌を所持して王應如は来日した。そして帰帆に際して受領した信牌は、
享保五年の13番寧波船で来日した陳輯王に譲渡されている。享保五年
（康熙59、1720）六月十八日に長崎に上海から来航し入港した13番寧波

156）『宮中雍正朝奏摺』第11冊、54頁。
157）『華夷変態』下冊、東洋文庫、1958年3月、2799頁。
158）『信牌方記録』、16頁。

船は、

　　本船頭陳韞玉儀者、去々年拾七番船より筆者役仕罷渡り申候、其節
　　之船頭王應如領し申筈之信牌、御當地に而陳韞玉へ譲り之御願申上、
　　御赦免之上御與へ被遊び候信牌、此度持渡り申候、…[159]

とあるように、享保三年（康熙57、1718）に来日し王應如が受領した信
牌は陳韞玉へ譲渡されたのであった。
　このことから王應如の来日は正徳四年（康熙53、1714）と享保元年
（康熙55、1716）のことであった。
　この王應如と商い仲間と思われる人物がいる。それは王君貽である。
雍正六年（享保13、1728）十月十五日付の署理江南總督印務尚書范時繹
の奏摺に見られる。

　　査前據浙省督臣李衛咨内開、有閩人王應如爲之排演陣法不夬、…經
　　密交署任蘇州府呉江縣知縣徐永祐、縁其爲人精細素行謹愼、…茲覆
　　稱商欠案内、原有王應如一名、其案現在審追、今有伊之同姓王君貽
　　向與合夥生理、且有叔姪之稱、目今代爲分認銀兩、誘詢之下、且能
　　知王應如之子與僕各等下落、縁係事関機密、恐其驚覺、尚未敢顯露
　　窮究等語[160]。

　福建人王應如の商売仲間である王君貽は叔父甥の関係にあった。また
王君貽は王應如の子供とも関係深かったことがわかる。そこで王君貽と
長崎貿易の関係を見てみたい。
　王君貽は、享保二年（康熙56、1717）八月八日に上海を38名搭乗し
出帆して八月十八日に長崎に入港した。そして享保二年丁酉6番南京船

159）『華夷変態』下冊、2879頁。
160）『宮中雍正朝奏摺』第11冊、543頁。

の船頭として下記の報告を行った。

　　船頭王君貽儀は、五年以前五十三番船より船頭仕罷渡申候、戸部趙

　　申喬より之部文、南京浙江之撫院江到来仕候、依之船頭共議定之上、

　　存四十三枚之信牌之内四枚は、他江讓り申者筈ニテ、則李大成領し

　　候信牌を右荘運卿并周允相、林禮恒と申三人江讓り申候。然處此船

　　之船頭王君貽儀右三人と相商賣仕來り候に付、三人之爲名代王君貽、

　　右李大成讓り之信牌を請取、此度持渡り申候[161]。

　王君貽は正徳五年（康熙54、1715）に日本が新政策として打ち出した
信牌制の影響を受け、李大成が受領した信牌を所持して長崎に来航して
いる。正徳四年（康熙53、1714）に午48番寧波船船主として来航して、
李大成は正徳五年の「南京　乙未」牌を受領している[162]。そのことは長
崎の『唐船進港回棹錄』にも見られ、「享保二丁酉六番南京船　李大成牌
王君貽　本年八月十八日帶未牌進港　戊戌年二月初四日領戌牌回棹」[163]
とある。そして王君貽は翌年も長崎に来航した。『華夷変態』の享保三年
（康熙57、1718）戊戌19番南京船として来日している。

　　本船頭王君貽儀は去年六番船より船頭仕罷渡り、於御當地信牌を領

　　し歸唐仕候[164]。

とあり、『唐船進港回棹錄』に享保三戊戌19番南京船として「十九番　南
京　王君貽　蕭　本年六月十二日帶戌牌進港　本年十二月廿五日領子牌
回棹」[165]と記録されている。そして翌々年にも来航し、『華夷変態』には

161）『華夷変態』下冊、2746 頁。
162）『信牌方記錄』、14 頁。
163）『唐船進港回棹錄』、68 頁。
164）『華夷変態』下冊、2800-2801 頁。
165）『唐船進港回棹錄』、70 頁。

享保五年（康熙59、1720）庚子15番南京船として「船頭王君貽儀は、
去々年拾九番船より船頭仕罷渡り申候。」[166]とあり、『唐船進港回棹録』に
は享保五庚子15番南京船としては「十五番　南京　王君貽　本年六月十
八日帯子牌進港　辛丑四月初九日領寅牌回棹」[167]と見られる。享保六年
（康熙60、1721）四月初九日に長崎から中国に向けて帰帆した。そして
享保七年（康熙61、1722）壬寅27番寧波船の船主として来航した。『華
夷変態』には、

> 船頭王君貽儀は、去々年拾五番船船頭にて御座候、歸帆之節、信牌
> 御輿へ被遊候付、當夏渡海仕筈之處に其節就用事出船及延引申候
> 故、商仲ケ間施翼亭江右之信牌相譲り申候、然處去々年拾二番船頭
> 魏磐卿歸帆之節信牌御輿へ被遊候處に魏磐卿事無據用事御座候付、
> 當年渡海難成候。是又王君貽商仲ケ間にて御座候付、則魏磐卿信牌
> 譲りを受け此度持渡申候[168]。

とある。王君貽は享保五年（康熙59、1720）15番船の船主として帰帆
に際して受領した信牌を施翼亭に譲渡したが、ところが享保五年の12番
船主の魏磐卿が受領した信牌を、魏磐卿の事情で来日が出来ず、その信
牌を王君貽が譲渡され、それを所持して長崎に来航したのであった。
　施翼亭が王君貽から譲渡された信牌を所持して、享保七年六月初五日
に長崎に入港し、享保七年壬寅年の9番南京船となった[169]。
　『唐船進港回棹録』には享保七壬寅28番寧波船として「二十七番寧波
船　王君貽　本年十二月初七日帯寅牌進港　癸卯十二月廿一日巳牌回
棹」[170]と記され王君貽は享保八年（雍正元、1723）十二月二十一日に享

166）『華夷変態』下冊、2881頁。
167）『唐船進港回棹録』、73頁。
168）『華夷変態』下冊、2953頁。
169）『唐船進港回棹録』、76頁。
170）『唐船進港回棹録』、77頁。

保十年乙巳の信牌を受領して帰帆した。この王君貽名義の享保十年（雍正3、1725）乙巳の信牌を所持して、再び長崎に来航したのは王君貽ではなく別の人物であった。

　その事情については長崎の記録である『和漢寄文』三によれば、享保十一年（雍正4、1726）二月に王君貽の信牌が林義弼に譲渡されたことがわかる。「王君貽之照、譲與林義弼來販」[171]とあり。その和解にも「王君貽信牌は、林義弼と申者江譲り渡海爲仕。」[172]とある。

　さらに『和漢寄文』三には以下の事情が記録されている。

　　上具呈第十五番廣南船客何爾巒…〔何爾〕巒向與魏磐卿合夥、縁壬寅年磐卿回家養親、將照託與王君貽來販、去年王君貽家中未來、急於趕番將照、又託林義弼、干七月初在上海放洋。…享保十一年二月日具呈第十五番廣南船客何爾巒[173]

と見られ、その和解は以下のようである。

　　私（何爾巒）儀、前々より魏磐卿と商ひ仲ケ間にて御座候處、壬寅年魏磐卿儀、親養育のため故郷へ罷歸候節、右の信牌王君貽より相頼、爲商賣渡海仕らせ候得は、去年王君貽國元より合不申候に付、差急船を仕出し申度、右の信牌亦々林義弼を頼ミ、去年七月初頃、上海より致出帆候處、只今迄最早八ヶ月に罷仕候得共、…[174]

と見られるように、王君貽の信牌はもともと魏磐卿が受領した信牌であったが、王君貽が来日できなくなり、その信牌が林義弼へ譲渡されたこ

171）『和漢寄文』三、『和漢寄文』、252 頁。
172）『和漢寄文』三、『和漢寄文』、253 頁。『通航一覧』第 6 冊、国書刊行会、1913 年 11 月、清文堂出版、1967 年 4 月復刻版、29 頁。
173）『和漢寄文』三、『和漢寄文』、259 頁。『通航一覧』第 6 冊、34 頁。
174）『和漢寄文』三、『和漢寄文』、260 頁。『通航一覧』第 6 冊、34 頁。

とがわかる。商人仲間の関係が見えてくるのである。

『唐船進港回棹録』の享保十年（雍正3、1725）乙巳年の15番廣南船
の記述に「此船ノ客何爾彎ニ丁未四ヲ給、劉書、本王君貽ノ票系也」[175]
とあることから、何爾彎が王君貽受領した信牌の繼承を得て何爾彎名義
の信牌として受領したことがわかる。そして何爾彎名義の信牌を所持し
て享保十二年（雍正5、1727）丁未年の18番寧波船が入港し、ついで享
保十五年（雍正8、1730）庚戌年の30番寧波船が同じく何爾彎名義の信
牌を所持して来航している[176]。

ついで李衛が注目するのは次の3名の商人である。

> 又有洋商鍾近天・沈順昌夐領倭照、貿易彼國信託、鍾則爲之帶去杭
> 州武舉張燦若、教習弓箭、每年亦得受銀數十兩。沈則爲之帶去蘇州
> 獸醫、在彼治療治馬匹。又有商人費賛侯曽爲一紹興人革退書辦、往
> 彼講解律例、考其不通、逐歸曽留該商銅船質當凡平常貿易之人、到
> 彼皆囚禁城中、週圍又砌高牆内、有房屋開行甚多、名爲土庫[177]。

とあるように、注視されたのは鍾近天と沈順昌そして費賛侯の3名であ
った。

鍾近天は、杭州の武舉張燦若を日本へ連れ渡ったり、弓術を伝授させ
た。

沈順昌は、蘇州獸醫を日本へ連れて行き馬の治療に当たらせた。

費賛侯は、紹興出身の知識人を日本へ連れ渡り、律例を講釈させた。

これらの商人の行動は李衛にとって看過できないことであった。これ
ら3名の商人について日本側の記録で確認したい。

鍾近天の名は見えないが、「近」と同音の「覲」を用いる鍾覲天名の商

---

175)『唐船進港回棹録』、80頁。
176)『唐船進港回棹録』、85、91頁。
177) 雍正六年八月初八日付の李衛奏摺、『宮中雍正朝奏摺』第11冊、54頁。

人は登場する。鍾觀天は享保六年 20 番寧波船で初めて日本に来航した
が、二年前の享保四年の 21 番南京船で父親の鍾聖玉が来航し、新信牌を
受けits信牌を受けて鍾觀天が享保六年の 10 番寧波船で来航した。そし
て鍾觀天名の信牌を所持して弟の鍾觀揚が享保八年の 13 番寧波船として
来航している。[178) 親とその子 2 人が来日していた。

　鍾觀天が武舉を日本に連れ渡ったとする根拠が『長崎實錄大成』巻十
「長崎渡来儒士醫師之事」の記述から検討したい。享保十二年（雍正 5、
1727）に長崎に来航した人物として、同書に、

　　浙江杭州府人　射騎陳采若　　江南蘇州人　馬医劉經先　　浙江寧
　　波人　射騎沈大成
　　右ハ享保十二年六月廿一日渡来、内陳采若、劉經先ハ同十六年四月
　　十二日歸唐、沈大成ハ同年十月朔日歸唐[179)。

とあり、射騎陳采若、馬医劉經先、射騎沈大成の 3 名が同船に搭乗して
享保十二年（雍正 5、1727）六月二十一日に来日した。この日に長崎に
入港した船は 3 隻あるが、その 1 隻が鍾聖玉の代理として入港した 20 番
廣南船で船主が鍾觀天[180) であった。そして射騎陳采若、馬医劉經先の帰
国した享保十六年（雍正 9、1731）四月十二日に長崎を出帆[181) したのが、
享保十五年（雍正 8、1730）の 17 番寧波船として船主が鍾觀天であっ
た。このことから李衛の奏摺に見える鍾近天が日本側の記録に見る鍾觀
天であったことは確かであろう。鍾近天こと鍾觀天が射騎や馬医の来日
に協力していたことになる。そして李衛奏摺の「張燦若」が、日本側の
記録に見る「陳采若」であったことも確かと思われる。さらに沈順昌が

<hr />

178）『華夷変態』下冊、2905-2906、2975 頁。
179）『長崎志正編』、364 頁。
180）『唐船進港回棹錄』、85 頁。
181）『唐船進港回棹錄』、90 頁。

来日させたとされる「蘇州獸醫」とは鍾覲天が来日させた劉經先であったことも歴然であろう。

　ついで沈順昌の名は、日本側の記録に見当たらない。雍正六年（享保13、1728）十一月初三日付の李衛奏摺は沈順昌について次の事実を明らかにした。

　　　行杭湖二府、將鍾覲天同伊夥計沈順昌的名人長[182]。

とあるように、李衛の調査によって沈順昌は鍾覲天の夥計であり、本名が沈人長であることがわかる。沈人長は長崎貿易の記録に見られる。享保十年（雍正3、1725）25 番南京船船主として来航している。この時は沈茗園の代理として来航した[183]。この船の信牌は沈茗園名義であったが、沈茗園の兄の沈朗山が同船で渡来し、沈人長への信牌の名義変更を願い出た。日本から注文された「御用人参苗」を齎したことで、名義変更が許可され、「丁未壹年限咬吧牌」を受領したのである[184]。ついで沈人長は、享保十二年（雍正5、1727）11 番咬吧船船主[185]となり、普陀山で咬吧出産の荷物を積載して来航している[186]。享保十五年（雍正8、1730）7 番寧波船船主[187]、享保十七年（雍正10、1732）15 番南京船船主[188]として知られる。沈順昌こと沈人長の同族と思われる沈茗園が日本側の要請に応接している。享保六年（康熙60、1721）14 番南京船で長崎に来航し、この船に「陳振先」と言う薬草に詳しい人物を連れ渡った[189]。そして享保

---

182)『宮中雍正朝奏摺』第 11 冊、675 頁。

183)『唐船進港回棹錄』81 頁。

184)『信牌方記録』86 頁。

185)『唐船進港回棹錄』85 頁。

186)『唐人風説書』、大庭脩編『唐船進港回棹錄　唐人風説書　割符留帳―近世日中交渉史料集―』関西大学東西学術研究所、1974 年 3 月、128 頁。

187)『唐船進港回棹錄』89 頁。

188)『唐船進港回棹錄』94 頁。

189)『信牌方記録』、55 頁。

七年（康熙61、1722）に日本側の注文に応じたことにより享保七年分に相当する「臨時寅牌」を受け、さらに「遼東人参持渡申候」とのことで褒美として銅二千斤、陳振先に銅百斤が与えられた[190]。陳振先の記録は「陳振先薬草功能書」[191]として残されている。この沈茗園が沈順昌ではなかったろうか。

　費賛侯については日本側記録が残されている。費賛侯は、享保六年（康熙60、1721）30番南京船で来日した際の報告では享保四年（康熙58、1719）21番南京船の船主鍾聖玉の時の筆者役として既に来日していた[192]。鍾聖玉は先に触れた鍾覲天の父である。その船で来日したことは、費賛侯と鍾覲天とも何らかの関係があったことになる。享保四年7番南京船船主であった陳開夫が信牌を受領して帰国するが、帰国後に遼東へ赴き病死しため、費賛侯がその信牌を陳開夫一家から譲渡され、享保六年30番南京船船主として来日したのであった[193]。その後、費賛侯は享保八年（雍正元、1723）15番南京船船主、享保十年（雍正3、1725）14番南京船主として来日している[194]。ついで享保十一年（雍正4、1726）41番厦門船船主として来日した[195]。

　費賛侯が享保十年14番南京船船主として来日したのは享保十年六月十八日[196]で、この船に搭乗してきたのが「江南蘇州府人　醫師　周岐來　右ハ享保十年六月十八日渡來、同十二年五月十一日歸唐」[197]とある医師の周岐來であった。そして周岐來が帰国した際に乗船したのが享保十一年41番厦門船の「未五月十一日領己酉回棹」[198]とある費賛侯が船主の船

190）『信牌方記録』、60 頁。
191）『和漢寄文』四、『和漢寄文』、310-321 頁。
192）『華夷変態』下冊、2918-2919 頁。
193）『華夷変態』下冊、2918-2919 頁。
194）『唐船進港回棹録』、78、80 頁。
195）『唐船進港回棹録』、84 頁。
196）『唐船進港回棹録』、80 頁。
197）『長崎志正編』、363 頁。
198）『唐船進港回棹録』、84 頁。

であった。このことから周岐來の来日に費贊侯が深く関係していたことは明らかである。

　鍾近天と沈順昌そして費贊侯の３名について、李衛が雍正六年九月二十五日付の奏摺において記している。

　　前摺所指洋商三人、皆原籍湖州、而夂在蘇郡貿易者、臣託言辦銅之事、密令湖州知府唐紹祖根尋踪跡、送到臣處、再爲設法盤詰、其所以傳問之由、即唐紹祖亦不使知也。但臣訪聞得伊等、皆貪彝人倭照、爭相貿易[199]。

　鍾近天と沈順昌、費贊侯の３名の原籍が浙江省の湖州にあり、蘇州において貿易活動を行っていた。そこで李衛は銅貿易にかこつけて、湖州知府唐紹祖をして調査させたのであった。その結果、３名の商人等は日本が給付した信牌を利用し競って貿易している商人等であったことが判明している。

　李衛の調査はさらに続き、先に触れた魏德卿について明らかになる。雍正六年十一月初三日付の奏摺によると、

　　竊臣前差弁員、赴普陀等、候福建奸魏德卿所託夥計柯萬藏聘請僧人私往東洋一事[200]。

とあるように、魏德卿の夥計であった柯萬藏が僧侶の日本への渡航に関与していたとされた。『信牌方記録』享保十一年（雍正4、1726）の記述に、宇治黄檗山住職から中国僧侶の招請を求められた。中国の寺に書簡を届けることになり、享保十一年の１番船の柯萬藏と２番船の尹心宜に依頼した。柯萬藏は宇治黄檗山の元昶の書簡と進物そして長崎の三ケ寺

199)『宮中雍正朝奏摺』第11冊、411頁。
200)『宮中雍正朝奏摺』第11冊、674頁。

よりの書簡を福州府の黄檗山へ届けることにし、尹心宜は杭州府福巌寺と霊隠寺へとのことであった[201]。

　中国から僧侶を招請することになったのは、承應三年（順治11、1654）に渡来し、徳川幕府から許されて現在の京都府宇治に黄檗山萬福寺を開いた隠元隆琦が開山祖となった後の第12代杲堂元昶[202]が長崎の三ケ寺に僧侶の招請を委託したのであった。杲堂元昶からの書簡の写しが『和漢寄文』三に記録されている。「唐僧招待之儀式ニ付、黄檗萬福寺より長崎三ケ寺に差越候書翰寫」[203]として見え、文中に「［元］昶在唐山日、不與我國師兒孫相識也。以故寓書於清國三寺、代選其人也」と、元昶は國師すなわち隠元隆琦の兒孫について知る人が居ないために、清国の寺に相応しい人物を要請したものであった。この書翰の写しには年月日は見られ無いが、長崎の崇福寺伯珣、興福竺嚴、福濟寺大鵬[204]の連名宛に書かれたものである。長崎の三ケ寺の崇福寺の伯珣は「享保七年渡来、同九年ヨリ在住廿七年」[205]であり、興福寺は竺嚴とあるが竺庵であろう。竺庵は、「享保八年渡來、住十二年、同十九年黄檗山第十三世席トナル」[206]であり、福濟寺の大鵬は「享保七年渡來、同九年ヨリ在住廿二年。延享元年黄檗山第十五世繼席ト成ル」[207]と、3人共に享保七（康熙61、1722）、八年（雍正元、1723）に来日している。『唐船進港回棹録』によれば、享保七年正月初七日に長崎に入港した1番寧波船何定扶・丘永泰船に「進港ノ節、唐僧二人來、卉本二十八歳、大成十四歳。今ノ伯珣、仲瑛是也。住崇福寺」[208]とあり、確かに伯珣は28歳で享保七年正月七日に来日した。

201）『信牌方記録』87、89頁。
202）黄檗宗布教師会編『黄檗宗大本山萬福寺歴代住持集』黄檗宗布教師会、2011年5月、20-21頁。
203）『和漢寄文』三、『和漢寄文』、273頁。
204）『和漢寄文』三、『和漢寄文』、274頁。
205）『長崎志正編』、212頁。
206）同書、193頁。
207）同書、208頁。
208）『唐船進港回棹録』76頁。

大鵬は同年七月二十一日に入港した14番寧波船船主呉子明の船で「唐僧一人來ル。道徹法名其儼、今ノ大鵬是也。住福濟寺」[209]とある。竺庵は享保八年七月十五日に長崎に入港した17番南京船船主李淑若の船で来日し「此船ヨリ唐僧一人來ル。竺庵歳二十八、住興福寺」[210]とある。

　これらのことから柯萬藏が唐僧の招請に関与していたことは確実であった。

　雍正六年（享保13、1728）十二月十一日付の李衛奏摺に、上記した商人とは別の商人の名前が掲げられる。

　　又閩商陳良選帶去廣東人、稱係寧波住居之年滿千總沈大成、實屬楊姓冒頂、前往教習陳法、其的名不知確切、現在彼地。又郭裕觀代帶僧人馬匹各等情。今朱來章先經臣訪聞誘喚、至署問知情由。前已奏明後、又供出曾帶過各項書籍五百本。當即取具[211]。

　ここに見られるのは閩商陳良選と郭裕觀である。そして朱來章の供述から彼が日本へ500種の書籍をもたらしたとあるが、先に触れた享保十年（雍正3、1725）6番船により朱來章が日本へもたらした多くの書籍のことである[212]。

　まず閩商すなわち福建商人の陳良選のことであるが、享保八年（雍正元、1723）9番寧波船船主として長崎来航している。そのときは陳踞觀名義の信牌を所持しての入港であった[213]。陳踞觀は享保五年（康熙59、1720）27番廣南船主として来航し[214]、帰帆後、その信牌を陳踞觀が病気のために弟である陳良選に譲渡し、陳良選が享保八年（雍正元、1723）

---

209)　『唐船進港回棹錄』76頁。
210)　『唐船進港回棹錄』78頁。
211)　『宮中檔雍正朝奏摺』第12輯、國立故宮博物院、1978年10月、57頁。
212)　大庭脩編『宮内廳書陵部藏　舶載書目　附解題』上、『舶載書目』二十二、1-41丁。
213)　『唐船進港回棹錄』78頁。
214)　『唐船進港回棹錄』73頁。

9番船で来航したのであった[215]。沈大成は『長崎實錄大成』によれば享保十二年（雍正5、1727）六月二十一日に来日し、「浙江杭州府人　射騎陳采若　　江南蘇州府人　劉經先　　浙江寧波府人　射騎　沈大成」とあり、陳采若と劉經先と共に来日し、陳と劉は享保十六年（雍正9、1731）四月十二日に、沈は享保十六年十月朔日に帰国したとある[216]。この3人は馬術に関係する人々であった。『唐馬乗方聞書』に「沈大成　歳當申三拾三歳」とあり、享保十三年（雍正6、1728）戊申年に33歳であった[217]。沈大成は「弓馬之藝ハ年貳拾歳」より始め、台州府守備の趙天祥に学び、その後、把總、千總などの武官を7年勤め、配下の兵卒に弓馬の術を教えていた。そして雍正五年（享保12、1727）に閑居していたのであった[218]。

　ところで、陳采若と劉經先と沈大成が来日した享保十二年（雍正5、1727）六月二十一日であるが、この日に長崎へ入港したのは4隻があった。その内、陳良選が関係していたのは、21番廣南船船主陳振裕・陳大成[219]の船であった。同船の報告に、

　　私共船之儀ハ浙江之内普陀山ニおゐて廣南出産之荷物積添ヘ唐人数
　　五拾三人乗組候、…今日入津仕候。本船頭陳振裕并乗渡之船共ニ今
　　度初て致渡海、…脇船頭陳大成事ハ以前陳良選と申候て、去年貳拾
　　壹番船より客仕罷渡申候者ニて御座候[220]。

215)『華夷変態』下冊、2972頁。
216)『長崎志正編』364、398頁。
217)『唐馬乗方聞書』、大庭脩編『享保時代の日中關係資料二〈朱氏三兄弟集〉―近世日中交渉史料集三―』関西大学出版部、1995年3月、287頁。以下、『唐馬乗方聞書』と略す。
218)『唐馬乗方聞書』287頁。
219)『唐船進港回棹錄』85頁。
220)『唐人風説書』。大庭脩編『唐船進港回棹錄　唐人風説書　割符留帳―近世日中交渉史料集―』、131頁。

と見られるように、長崎で陳大成と記録されているが、陳良選のことで
あった。このことから陳采若、劉經先、沈大成はこの船で来日したこと
は確かであろう。李衛が雍正六年十二月十一日（1729 年 1 月 10 日）付
の奏摺に、沈大成が「現在彼地」[221] と記したように、沈大成は、享保十
二年六月二十一日、雍正五年六月二十一日（1727 年 8 月 8 日）に来日
し、享保十六年十月朔日、雍正九年十月一日（1731 年 10 月 31 日）に長
崎から帰国した[222] とされるから、たしかに李衛が奏摺を記した時点では、
沈大成は日本長崎にいたことは確かである。

　ついで李衛が記す「郭裕觀代帶僧人馬匹」とある郭裕觀に関してであ
るが、享保十年（雍正 3、1725）24 番廣東船船主に郭裕觀とある。『唐
船進港回棹錄』のその注釈に、「今般本名郭亨統ニナリ一代臨時廣東牌ヲ
給フ。」とあり、郭裕觀は郭亨統として長崎貿易に従事していた。

　郭亨統は、享保七年（康熙 61、1722）17 番廣東船船主郭亨統・郭利
傑として来航し、翌八年（雍正元、1723）三月十二日に帰帆するが[223]、
その前に日本側の要請により「御用馬」の日本への舶載を所望され、そ
のために「臨時廣東牌壹枚」そして脇船主であった郭利傑にも「臨時寧
波牌壹枚」が日本側から与えられた[224]。その要請を受けて確かに享保八
年 28 番船によって「唐馬三疋」を搭載して長崎に来航した[225]。郭亨統が
「御用馬」の舶載を求められたのには、享保七年 17 番廣東船船主として
来航した際に「醫生陳行德來ル」[226] と、醫生を長崎来航させたが、日本
側の要請ではなかったため、同船の帰国の際に醫生も一緒に帰国した[227]。
このように、日本側が要請もしていないことを敢えて行ったことが、日

221）『宮中檔雍正朝奏摺』第 12 輯、57 頁。
222）『長崎志正編』364 頁。
223）『唐船進港回棹錄』、76 頁。
224）『信牌方記録』、67 頁。
225）『信牌方記録』、70 頁。
226）『唐船進港回棹錄』、76 頁。
227）『信牌方記録』、63 頁。

本側に忠実な商人として評価されたためであろう。『長崎實錄大成』巻十一に、郭亨統船のことが記されている。

　　［享保八年］十二月廿八番郭亨統船ヨリ御用ノ唐牡馬一匹、牝馬二匹牽渡ル。但夜ニ入本船ヨリ馬ヲ卸ス。則御用ニ相成ル[228]。

とあるように、郭亨統は日本側の要請を受けて、中国馬牡1匹、牝2匹を長崎に連れてきている。確かに李衛が指摘した「郭裕觀代帶僧人馬匹」[229]の通りである。

　郭亨統の長崎貿易の実績は長い。正徳五年（康熙54、1715）未1番廣南船の財副として来航し、この船主の陳啓登の以後の信牌を財副郭亨統が譲渡された[230]。正徳六年（享保元、康熙55、1716）4番廣南船船主郭亨統・陳啓瀛[231]、享保二年（康熙56、1717）30番廣南船船主郭亨統[232]、四年（康熙58、1719）5番南京船船主郭亨統・陳伯威[233]、五年（康熙59、1720）11番廣東船船主郭亨統・陳伯威[234]、七年（康熙61、1722）17番廣東船船主郭亨統・郭利傑[235]、八年（雍正元、1723）28番廣東船船主郭亨統[236]、十年（雍正3、1725）16番廣東船船主郭亨統[237]、同年24番廣東船船主郭裕觀[238]と郭亨統・郭裕觀本人の来航が知られる。享保十年同年中の二度の来航は、16番南京船で同年七月初九日に長崎に入港し、同

228）『長崎志正編』、396頁。
229）雍正六年十二月十一日付、李衛奏摺、『宮中檔雍正朝奏摺』第12輯、57頁。
230）『信牌方記録』、19頁。
231）『唐船進港回棹錄』、67頁。
232）『唐船進港回棹錄』、68頁。
233）『唐船進港回棹錄』、71頁。
234）『唐船進港回棹錄』、73頁。
235）『唐船進港回棹錄』、76頁。
236）『唐船進港回棹錄』、79頁。
237）『唐船進港回棹錄』、81頁。
238）『唐船進港回棹錄』、81頁。

年十月二十七日（1725 年 12 月 1 日）に帰国した[239]。そして 24 番廣東船
として同年十一月七日（12 月 11 日）とこの間 10 日余りの急展開で長崎
に入港した。この時は翌年の四月初九日に長崎から帰国している。

　雍正六年（享保 13、1728）十二月十一日付の李衛奏摺には、「已令海
口文武等候緝拿郭裕觀、係厦門人。」[240]と、郭裕觀は厦門人とされたが、
ついで廣東總督孔毓珣の雍正七年三月初參日付の奏摺には、

　　　于雍正七年二月初八日、准福建水師提臣藍廷珍咨開、准浙江總督李
　　　衛咨、洋商郭裕觀曽招僧人出東洋、并送馬匹、本人現在厦門等情、
　　　随即差拏、而郭裕觀自雍正四年三月間、因染瘋疾。即回潮州、相應
　　　咨會緝獲移解等因、到臣准此、臣随差目兵、星夜齎文、飭令潮州鎮
　　　府、密拏務獲去後、今于三月初二日、據潮州總兵官尚瀠稟稱、遵即
　　　密會海陽知縣張士璉、將洋商郭裕觀拘獲、縁其人已染瘋癱、不能從
　　　陸路、而行該縣差司獄司恊同來差、將郭裕觀于二月二十二日卯刻、
　　　從水路押解來轅等語[241]。

とある。福建水師提督の藍廷珍が李衛からの連絡を受けて捜査した結果、
郭裕觀は雍正四年三月頃には瘋疾を病み廣東省の潮州に戻っていた。お
そらく郭裕觀の本籍が潮州にあったかと思われる。そこで潮州府の捜査
により郭裕觀が確保されたが、郭裕觀は瘋癱すなわち半身不随になり、
陸路での移動は困難となり、雍正七年（享保 14、1729）二月には海陽縣
の官吏等により水路と陸路を馬車に乗せ送られてた。郭裕觀が瘋疾を病
んだのは「雍正四年三月間」とあることから日本の享保十一年（雍正 4、
1726）三月に相当する。そうすると、郭亨統・郭裕觀は享保十年（雍正
3、1725）の 24 番廣東船船主として帰国したのは四月初旬であるから、

---

239)『唐船進港回棹録』、81 頁。
240)『宮中檔雍正朝奏摺』第 12 輯、57 頁。
241)『宮中檔雍正朝奏摺』第 12 輯、608 頁。

帰帆中か、帰国直後に病に倒れたと思われる。

　確かに享保十一年以降にも次のように郭亨統の名は見られるが、本人
の来航は無い。

　　　享保十一年 15 番廣東船　船主郭亨統「本主ノ代リニ郭亨愷來ル」[242]
　　　享保十二年 26 番廣東船　郭利傑「郭亨統代」[243]
　　　享保十三年 14 番廣東船　郭利傑「郭亨統譲」[244]
　　　享保十七年 23 番廣東船　陳伯周・許啓宇「郭亨統代」[245]

　このことから郭亨統・郭裕觀が「瘋癱」により、長崎貿易を継続でき
ず、彼の同族や商い仲間に「郭亨統」名義の信牌を委託もしくは譲渡し
たためであろう。

　このような経歴の郭亨統こと郭裕觀であったが、日本側では高い評価
を受けている。享保九年（雍正 2、1724）のことであるが、『信牌方記
録』に以下のように見られる。

　　郭亨統御新例之初年信牌相滯候節、一人之働を以年々諸船共ニ入津
　　仕候様ニ相成、其上去冬御用之唐馬を牽渡、其外段々御用向を調達
　　仕候、爲御褒美郭亨統一一生之間割合之廣東牌之外ニ毎年入津之恩
　　加牌三枚宛御與可被遊候由。依之郭亨統申上候ハ、只今在留之郭利
　　傑ニハ最前之寧波牌御與可被下候。此度同船ニ參居候郭翊任・郭元
　　捷二人ニハ廣東牌御與可被下候由申上候處、丹波守様被仰出候ハ本
　　割恩加共ニ四枚内、廣東牌二枚、寧波牌二枚御與可被遊候由。被仰
　　渡候則郭翊任ニハ廣東牌、郭元捷ハ寧波牌ニ罷成候事。

242）『唐船進港回棹録』、83 頁。
243）『唐船進港回棹録』、85 頁。
244）『唐船進港回棹録』、87 頁。
245）『唐船進港回棹録』、94 頁。

右之恩加牌三枚之文言、左之通相改、尤本船壹艘ハ例格之廣東之文言ニ候事[246]。

郭亨統は日本側から格別の待遇を受けた。その結果、三枚の恩加牌を給与されたのであった。結果は郭亨統の要望を入れて、郭翊任に廣東牌一枚、郭元捷に寧波牌一枚、郭亨統には特別の廣東牌一枚と寧波牌との四枚の信牌が給与されたのであった。

ところが、郭亨統は享保十年（雍正3、1725）七月に信牌を所持せず長崎に入港した。しかし、

江府より被仰下候ハ此者ハ格別之功有之者ニ候間、去年恩加牌三枚被下置候上、今又壹枚相増、郭亨統一生之内、毎年入津之牌四枚宛可被下置由仰渡。十月廿七日積戻歸帆被仰付候事[247]。

とあるように、江戸幕府からこれまでの業績を評価され新たに郭亨統名義の信牌を一枚加増されて、交易を行えず帰帆した。

李衛の雍正六年（享保13、1728）十二月十一日付の奏摺に、

據各商鍾觀天等供出、尚有楊澹齋帶去秀才孫天源・沈登偉在彼、講習大清會典・中原律例、未曽歸浙、又朱來章之兄朱佩章先曽帶閩人王應如教書、已經病没在洋。又閩商陳良選帶去廣東人、稱係寧波住居之年滿千總沈大成、實屬楊姓、冒頂前往、教習陣法、其的名不知確切、現在彼處。又郭裕觀代帶僧人・馬匹各等情、今朱來章、先經臣訪聞、誘喚至署、問知情由、前已奏明[248]。

246）『信牌方記録』、74 頁。
247）『信牌方記録』、83 頁。
248）『宮中檔雍正朝奏摺』第 12 輯、57 頁。

とみられるように、先に触れた『有徳院殿御実記』巻十一に、徳川吉宗の命を受けて、長崎へ赴いた深見有隣が、中国の律や會典の解釈が困難な箇所や疑問点を問いただした長崎来航していた朱佩章[249)]については李衛奏摺では詳しく知られていなかったが、日本での業績は多く残されている[250)]。すでに大庭脩氏によって紹介された『偶記』[251)]、『仕置方問答書』[252)]、『清朝探事』[253)]など、朱佩章が日本において中国の法制事情などを詳細に報告したのであった[254)]。

　李衛は雍正六年十二月十一日付の奏摺において、象が日本へ行ったことも知っていた。

　　　又鄭大山供出、伊堂弟鄭大威現在東洋未回、曽往廣南代帯去家象・
　　　野象各一隻、并象奴二人、尚存活象一隻、現在長崎候伊處將軍之令、
　　　方繳彼國京師、今年又託呉瑞觀帯象配數縁去、遲風信不順、故未得
　　　來、而倭照先已到手[255)]。

と記している。鄭大威は鄭大山の堂弟とあるが、鄭大山の父親の兄弟の子で、大山より年少であった。鄭大威は鄭大山とはいとこであった。その鄭大威が象2匹を日本に連れ渡ったのである。このことも李衛に知られていた。

　このように清国にとって問題が多い商人の日本貿易を監視するための組織を必要と考えた李衛は、雍正六年（享保13、1728）十一月初三日付

249）黒板勝美、國史大系編修會編『德川實紀』第9篇、256-257頁。
250）大庭脩編『享保時代の日中關係資料二〈朱氏三兄弟集〉—近世日中交渉史料集三—』
　　関西大学出版部、1995年3月、1-153頁。
251）同書、1-78、725頁。
252）同書、79-108、725-726頁。
253）同書、109-153、726-732頁。
254）大庭脩『江戸時代における中国文化受容の研究』470-471頁。
255）『宮中檔雍正朝奏摺』第12輯、57頁。

の奏摺において、商総制、総商制[256]を考えた。

　　臣今擬於十一月初旬、乘往江南、面議海塘工程之事、到時會同江南
　　督撫諸臣、設法於各商之中、擇其身家最是殷實者數人、立爲商總、
　　凡内地往販之商船、責令伊等保結、方許給以關牌、縣照、置貨驗放
　　各船人貨、即看落商總、不時稽察、如有夾帶違禁貨物、及到彼通同
　　作奸者、令商總首報、即於出入口岸、處所密拿、倘商總狥隱一體連
　　坐究罪、庶幾事有責成、可杜前弊[257]。

　李衛は、雍正六年（享保13、1728）十一月初旬に江南に赴き、護岸の
問題を処理する際に、彼は江南の地方官とともに、商人等を監督する組
織を検討した。商人の中で最も裕福な人物を選出し、その人物を責任者
としての商総とし、中国から出入する船舶は、商総が保証して許可を出
し、さらに海關の許可書、縣の免許、貨物検査および各船の乗客と貨物
の検査が通れば発行され、直ちに商総が確認し、不定期に禁止された品
物や同乗して密かに渡航するものが無いかを監視するように商総に命じ、
もし商総に違反があれば、共に有罪とするなどの方法で、このような弊
害を防ごうと考えたのであった。
　李衛の雍正八年三月初三日（享保15、1730年4月19日）の奏摺に、
その総商[258]が見える。

　　竊照東洋貿易各船、自設立總商、稽查之後、出入均有責成盤驗、極
　　其嚴密、從前隱弊、稍爲釐剔。今據總商頭李君澤稟稱、近有伊之行
　　商鄭恒鳴船回、臨來之前、有日本管長崎島舞目、彼處稱號呼名爲王

256）佐伯富「康熙雍正時代における日清貿易」、佐伯富『中國史研究第二』東洋史研究
　　會、1971年10月、612-614頁。
257）『宮中檔雍正朝奏摺』第11輯、657頁。
258）佐伯富「康熙雍正時代における日清貿易」、佐伯富『中國史研究第二』、612-614頁。

家、將該商喚去、令通事傳話、託其寄信與李君澤着伊稟、臣彼國因
從前、欲求效法内地文武講究制度、誤聽奸商夾帶違禁私貨・人口・
僧衆、被天朝預知拿獲、止從寬發落、不加彝國之咎、感戴皇上恩德、
敬畏天威、實在誠服[259]。

　李衛が東洋貿易すなわち日本貿易の各船について、総商を設け検査を
厳しくして以降、これまでの弊害が改善されたとした。そして総商頭の
李君澤の報告では、彼が遣わした行商の鄭恒鳴が帰帆して報告したこと
には、長崎の通事を介して長崎奉行から李君澤への伝言を鄭恒鳴へ託し
た。その内容は、日本では中国の文武等の制度を考究していたため中国
商人が違法な貨物や人々そして僧侶などを日本へ連れて行った。そして
このことは皇帝の厚意ならびに天威に対し実に感謝しているとのことで
あった。
　総商李君澤が長崎に派遣した行商鄭恒鳴であるが、『唐船進港回棹録』
によれば、享保十四年八月十六日（1729年9月8日）に7番寧波船とし
て長崎に入港した。その際の信牌は鄭大典から譲渡された信牌であった。
船主は鄭恒鳴と鄭大武であり、同年の十二月十五日（1730年2月2日）
に壬子牌を給付され帰帆している[260]。この鄭恒鳴が長崎から帰帆して二
箇月前後で李衛奏摺に記されたことになる。ついで鄭恒鳴の名が『唐船
進港回棹録』に見えるのは享保十七年13番寧波船が長崎に来航した時
で、その船主は鄭大武であり、鄭恒鳴は信牌の名として、この鄭恒鳴名
義の信牌は鄭大武に譲渡されたものであった。このことから鄭恒鳴が長
崎に赴いたのは享保十四年（雍正7、1729）八月十六日から同年十二月
十五日までの間だけであったことになる。このことからおそらく総商李
君澤に日本事情を探るべく密命を帯びて長崎に派遣したのであったこと
は確かであろう。

259）『宮中檔雍正朝奏摺』第15輯、國立故宮博物院、1979年11月、657頁。
260）『唐船進港回棹録』、88頁。

　このことを裏付ける記録として『長崎實錄大成』巻五、東明山興福寺に記録に次のようにある。

　　［享保］十四年入津ノ船風説ニ、去年仲祺僧徒共ニ普陀山川口マテ連
　　出ル處、改役人捜シ出シ、柯萬臧ハ入牢、僧徒ハ本山ニ令帰ラルル
　　由。翌十五年鄭恒鳴渡来リ仲祺ハ先達テ遷化ノ由。外ノ僧徒可渡ノ
　　勅許ヲ蒙シ由。又同十六年魏弘丹、仲祺渡海ノ事官府表相済ニ付、
　　僧衆自宅ニ養置ノ由。又同年鄭恒鳴渡來リ、仲祺遷化ノ事實説ノ由
　　申出ル。段々被御詮議ノ處、是迄數人ノ唐人自分ノ利欲ヲ貪リ種々
　　偽計ヲ巧ミシ由令露顯ニ付、柯萬臧、魏弘丹、渡海禁制被仰付、此
　　事廃亡セリ[261]。

　長崎の唐寺東明山興福寺では唐僧仲祺の招聘を企図するが、仲祺が普陀山沿海まで至ったところで清国官憲に見つかり、渡航に関与した柯萬臧は逮捕され入牢となった。そしてその仲祺が遷化したことを鄭恒鳴が享保十五年（雍正8、1730）に来航して伝えたとある。鄭恒鳴は重要な情報を知り日本側に伝えている。
　李衛の雍正六年（享保13、1728）十一月初三日付の奏摺に、

　　臣親加訊問柯萬藏乃魏德郷夥計、璧峰係福清縣黄栢寺僧人仲祺法戒
　　之徒、日本向有福建寺一座、聘請中原和尚居住、住稱爲唐僧、揆厥
　　所由、無非蠱惑、伊國人民、使其心服、將軍恐嚇無知之故、如蒙古
　　之供奉喇嘛相似、原欲指定、要仲祺帶領徒衆前往、因伊夏月病没、
　　今故聘其付法門人等類[262]。

とあるように、仲祺の来日に関与したのが魏德郷とその夥計の柯萬藏で

261）『長崎志正編』191-192 頁。『通航一覧』第 5 冊、371 頁。
262）『宮中檔雍正朝奏摺』第 11 輯、654 頁。

あった。日本側の記録に見る魏弘丹と柯萬臧であったことは確かである。両名は、李衛の雍正九年六月十九日付の奏摺に、

臣細思、従前拿獲之柯萬藏、止擬流徒。魏德郷徒配完結[263]。

とあるように、柯萬臧、魏弘丹の両名は刑に処せられていた。

　李衛は李君澤を通じての鄭恒鳴の報告から日本が「欲求效法内地文武講究制度」として、中国からさまざまな諸制度等を学ぼうとしていたことを知ったと言える。

5　小　結

　徳川吉宗は、ことに書籍蒐集に熱心であり、『有徳院殿御實紀附録』巻十に、

さきに本邦の古書は、令を下されて求めさせ給ひ、また唐商等もたらし來る類も、まづ書目を御覧ありて、就中有用の書をえらばる。それも詩賦、文章の類は、あながちもとめたまはず、政道をたすけ、治具にも備えふべきの書を、専らにつのられけるに、唐土の府州縣志類等はすべて記すにいとまあらず。つゐに御庫の書ふるきに倍せり[264]。

と記されているように、日本の古書のみならず中国の書籍蒐集にも熱心であった。とりわけ詩賦や文学関係の書籍にはあまり関心を示さず、政道に関係する書籍に注目していた。

---

263)『宮中檔雍正朝奏摺』第 18 輯、國立故宮博物院、1979 年 4 月、407 頁。
264) 黒板勝美、國史大系編修會編『德川實紀』第 9 篇、243 頁。

　このように政道に関係するものは中国から取り寄せ、時には特技を有する人物を招聘するなどを行い、法制、医術、馬術に通ずる人物そして薬、書籍、唐犬など多様な物を長崎に来航してくる中国商人を通じて求めたのであった。

　その中には、砂糖の国産化の増大を企図するため、書籍のみならず、長崎来航の中国商人を通じて福建南部の砂糖生産技術を受容し、日本における砂糖生産の拡大と増産を推進し、吉宗から百年後には日本において砂糖が広く知られるようになる要因を現出したのであった[265]。

　このような吉宗の中国へのさまざまな探求は、中国側では看過できないものとして注視したのが日本への貿易船の多い、浙江省を管轄していた浙江総督李衛であった。李衛は長崎へ来航する中国商人を監視して配下の官憲に調べさせ、注視すべき商人等を探り出した。李衛が注視した商人等は、確かに、中国官憲の眼から逃れて、日本の要望に応じていたのであった。日本側の要望の根源は徳川吉宗の要望そのものであった。

　吉宗が求めた中国の数々の品々が日本に齎された要因の一つに、吉宗が将軍職に就任する前に成立した海舶互市新例いわゆる正徳新例があった。正徳新例の大きな変革は、それまでになかった、通商許可証である信牌こと長崎通商照票の発行により、毎回一度きりの信牌が各商人に発給され、それを得るために中国商人は日本側の要望に答えるように努力したのであった[266]。

　このことが長崎に来航する中国商人が日本側の利権を得ようと暗躍し、その影響を看過できなかったのが浙江総督として沿海海防の一翼を担っていた李衛であった。

---

265) 松浦章「江戸時代唐船による砂糖輸入と国内消費の展開」、松浦章『近世東アジア海域の帆船と文化交渉』関西大学出版部、2013 年 10 月、157-191 頁。

266) 大庭脩『江戸時代における中国文化受容の研究』445-476 頁。

大連金州道観の五大仙

二階堂　善　弘

はじめに

　中国の東北地方、すなわち遼寧・吉林・黒龍江の三省の寺廟では、娘娘神や薬王などの神々の信仰が目立つが、一方で東北に特徴的な神々もある。現在、東北三省において、これらの神々は「四道門」あるいは「五大仙」と称されることが多い。ここでは大連金州にある大黒山とその周辺にある道観の神々について考察を加えたい。

1　大連大黒山について

　遼寧省大連市の北部は金州地区となっている。この金州の街区から東へ 5 キロほどの山が大黒山と呼ばれる山である。王恒氏は大黒山について次のように述べる[1]。

　「大黒山」という名称は明代に初めて見える。山の石が大きく、また黒色を呈していることからこの名があるようだ。明の弘治 3 年（1490年）に改建された勝水寺の碑志にはすでに「大黒山」の称が見えて

1）王恒「大連大黒山景区旅游開発現状及対策研究」（『大連民族大学学報』第 18 巻 4 期 2016 年）370 頁。

いる。しかしまた明の嘉靖6年（1527年）に改建された観音閣の碑志には「大赫山」と書かれている。清の顧祖禹の『方輿全図』には、この山を称して「大黒尚山」とする。日本とロシアが戦争していたときは、「老虎山」「大和尚山」の称もあったようだ。1980年になると、大連市政府は地名の標準化活動を行い、様々な名称のあった山の名を大黒山に統一した。

この大黒山には、現在観光拠点となっている寺院や道観などがいくつか存在する。それらの寺廟について、殷媛・邢春雷の両氏は次のように述べる[2]。

　　大黒山の旅游関連の現存の施設としては、現在、響水観、卑沙城、朝陽寺、唐王宮道院、石鼓寺などの寺廟などがある。響水観は道教を主とする道観であり、大黒山の西北の麓に位置する。唐代に創建されたとあり、明清期に数度の改建を経ている。金州八景のひとつ「響泉消夏」は、この道観のなかに存在する。卑沙城は、晋代に造られた大黒山の城塞である。遼東半島の著名な古城塞のひとつである。（略）朝陽寺は、明代に創建された仏寺で、大黒山の西の麓に位置する。この地は「山明水秀」といった趣きの環境を備え、史書には「明秀寺」とも記されている。雍正六年に朝陽寺と改称された。寺院は北を背にして南を向く構造であり、前門と後門はふたつの丘の頂点に位置する。またふたつの殿宇は丘の南の坂のところに建てられている。そのため、金州八景のひとつである「朝陽霽雪」の名が広まっている。唐王宮道院は大黒山でも有名な古刹のひとつであり、大黒山の南の山腹に位置する。創建は隋唐期とされている。（略）毎年旧暦の五月十八日になると、唐王宮道院では大きな天師生誕祈福廟

2）殷媛・邢春雷「遼寧大黒山旅游資源開発対当地経済発展的重要意義」（『科技風』2016年9月号下）135頁。

会が開催される。（略）石鼓寺はまた唐王殿ともいい、隋唐期の創建
であるという。伝承では、隋末唐初の時期に将軍尉遅敬徳が太宗李
世民のために建てたものであるとする。李世民は高句麗に東征した
ときに、ここに軍を駐屯させたという。それで唐王殿の名があるわ
けである。清朝の乾隆年間に金州の漢軍正黄旗人の鞠行金が資金を
集めて重修したという。また道光年間、民国初年にも修繕を行って
いる。寺の前にはかつて大きな丸い石があり、これが山から降りる
風に揺れた様が太鼓のようであったので、そのために石鼓寺と呼ば
れたという。

　すなわち、響水観、卑沙城、朝陽寺、唐王宮道院、石鼓寺などの施設が
よく知られている。筆者は 2019 年に大黒山を訪れ、これらの寺廟をほぼ
すべて調査した。
　大黒山の近く、同じ金州に碧海観という道観がある。海に面した規模
の大きな道観である。もともとは大黒山と関係のある道観であったとい
う[3]。

碧海観は、もとの名は胡仙廟である。大連湾の碧海山荘の東側の山
の上にある。境内に入ると、まず色鮮やかでありながら、古色に溢
れる聚仙堂が見える。聚仙堂の左側の前の亭には大きな鐘が掛けら
れている。右側には大きな太鼓がある。聚仙堂のなかには四つの神
像が設置されている。正面の主となるのは胡三太爺であり、左側に
は胡大太爺、右側には胡二太爺の像がある。右の下にはその家人で
ある胡淘気の像がある。

伝承によれば明朝の末の創建だということであるが、これはあくまで伝

3）「道教之音」サイトの「遼寧省大連碧海観」2012 年 10 月の記事より。https://www.
daoisms.org/article/sort022/info-7558.html

説である。もともと胡仙廟であったものが、1985年に改築して道観とされたという。そのためか、境内の中心になるのは、現在でも胡仙殿である。むろん、道観であるので三清を祭祀するほか、媽祖を祀る天后殿や龍王殿などの建物もあり、八仙などの神仙も祭祀されている。筆者は2014年にこの道観を調査した。

2　胡仙について

　東北三省、旧満洲の地域には、特徴的な民間信仰がある。それは、キツネやイタチ、ハリネズミなどの動物を仙人とみなし、その霊力を重んずるというものである。

　そして東北三省では、シャーマンが存在し、そのシャーマンはこれら動物仙の威力により、治病を行うというものである。

　これについては、戦前に旧満洲を調査した日本人が多くの研究を残している。滝沢俊亮氏は『満洲の街村信仰』において、これを「胡仙」として紹介している[4]。また内田智雄氏も、これらの動物神信仰について『中国農村の家族と信仰』で詳しく紹介している[5]。しかし、その後は長く研究は行われず、21世紀になってからようやく注目されるようになった。中国における研究としては、李慰祖・周星両氏の『四大門』などがある[6]。

　滝沢俊亮氏は当時一般に祭祀されていた胡仙について、次のように述べる[7]。

4）ここでは滝沢俊亮『満洲の街村信仰』（第一書房 1982年）復刻版を利用した。原著は1940年発行。
5）ここでは内田智雄『中国農村の家族と信仰』（清水弘文堂 1970年）改版を利用した。原著は1948年発行。
6）李慰祖・周星『四大門』（北京大学出版社 2011年）。
7）前掲滝沢俊亮『満洲の街村信仰』209-211頁。旧漢字は一部印刷字体に合わせて変更している。

即ち通俗信仰の象徴としては木主に現はれた神の名を見るに、先づ胡三太爺太太を擧げねばならない。これに次ぐに土地山神五道を以てし、黄仙も亦胡仙に次ぐ信仰を繋いでゐる。實に吉林は東京城址と共に胡・黄仙の二大密集地帯である。東京城には到る處に小廟がある。城壁の入口とか道の辻、或ひは大樹の側など實に多く、木造平入の祠で脚高である。（略）胡仙はシャマンの招致する神で、大體一定してゐるのであらうが、その場其の場で無限に神格が増大する性質を持ってゐる。我が稲荷大明神と同じらしい。北京では胡・黄・白・柳の四大門の四憑依信仰がある。（略）胡は狐・黄は鼬・白は刺蝟・柳は蟒蛇で、胡黄白を言ふ東京城の人々の信仰は、北京の四大門との關係が深い。（略）胡仙の長は胡三太爺で、天上に住む全知全能の神である。その下に黄二太爺がある。彼等は狐と鼬等の動物神だといふ。これは東亞細亞に廣く普及してゐる大仙とも呼ばれるシャマンであることが知れる。

滝沢氏は、吉林などの当時の胡仙祭祀について詳しく調べている。また当時のシャーマニズム信仰において、胡仙が重視されていたことを述べる。現在では多くの廟が消失し、この記録は貴重なものといえよう。

　胡仙や黄仙には様々な種類があるが、ここで述べられているように代表的なものは胡三太爺と胡二太爺である。また五大仙、四大門ともすべて紹介されている。胡仙はキツネで、黄仙はイタチ、白仙はハリネズミで、柳仙はヘビであるとする。

　また内田智雄氏は胡仙について、次のように述べている[8]。

　　それでは胡仙とはいかなる神かというと、「狐ガ修行して仙トナッタ、狐ト胡トハ同音ダカラ胡仙トイフ」とか、「大太爺・三太爺ナ

8）前掲内田智雄『中国農村の家族と信仰』335頁。

ド」とよばれ、また胡仙も、黄仙も共に草仙あるいは仙家であって、まだ神となっていないなどとも言っている。ちなみに黄仙は黄皮子、すなわち鼬（いたち）が修行して仙となったもので、その皮が黄色であるところから黄仙と呼び、白大将軍は刺蝟（ハリネズミ）の仙となったものと言われてる。そして、これら諸仙について農民は、その比較的有識な者でさえも、これ以上に知るところがない。これら諸仙すなわち狐・鼬・鼠などは、いずれも農山村にはなじみ深く、別して満洲農村の開拓にはゆかり深い小動物であったと考えられるが、華北の農村ではほとんど祀られていない。そしてこれら諸仙、特に胡仙に対して何を祈るかと問えば、「頭ノ痛イノヤ、一寸シタ病気ハナホル」とか、また比較的に有識な、従って多分に懐疑的な農民でも、「軽イ病気ヲタノムコトガアル、ソシテナホルコトガアル」と述べている。要するに胡仙は病気の神である

　現在でも、シャーマン信仰として東北地方ではこれらの民間信仰が残っている。劉正愛氏は、2000年の夏に遼寧において調査を行い、次のように述べている[9]。

　　2000年夏に筆者は東北地区の民間信仰の現状を理解するために、遼寧省の南部、西部および東部において二箇月の実地調査を行った。調査に当たって、まず各地の大小の寺廟の状況を把握することに努めた。その結果、筆者が目にした大小68箇所の寺廟のうち（そのなかには胡仙洞も含まれる）、38箇所の廟が、胡仙・黄仙・長仙・蟒仙などの地仙の廟であるころが判明した。これは割合として最も高く、次に土地神の廟や山神廟などが多い。北寧市の鐘楼の上にそびえる胡仙廟は、規模の大きいものであったが、それを除いては地仙

---

9) 劉正愛「東北地区地仙信仰的人類学研究」（孟慧英編『宗教信仰与民族文化』第二輯 2009年）252頁。

の廟は方八尺ほどの赤レンガの廟である。時には、石を積み重ねて
造られた小廟もある。聞いたところによると、これらの廟はすべて
20世紀の80年代になってから新しく立て直されたものであるとい
う。

劉氏はこれらの信仰を地仙と称している。そして、現在でもこれらの信
仰は東北地区で、さかんに行われていることが看取できる。

3　四大門・五大仙について

　四大門、五大仙、あるいは地仙についてここで整理すると、四大門と
は李慰祖・周星両氏の『四大門』によれば、「狐門」「黄門」「白門」「柳
門」の四つであるという[10]。また「狐門」は「胡門」とも称し、「柳門」
は「常門」とも称するという。滝沢氏の述べるところと少し異なる。周
星氏の解説によれば、次のようになる[11]。

　　いわゆる「四大門」とは、すなわち四種の動物霊であり、キツネ、
　　イタチ、ハリネズミ、それからヘビのである。これらの動物霊につ
　　いては、「胡門」（狐と胡は同音）「黄門」「白門」（ハリネズミの色が
　　白色に近いことから）「常門」（常と長が同音）という呼び方をされ
　　るのが一般的である。中国の広大な北方の華北一帯では、これらの
　　野生動物はよく見かける存在である。（略）北京およびその周辺の地
　　域では、「五大門」、あるいは「五大家」という呼び方をすることも
　　ある。順義一帯では、「五大門」とするのが一般的である。順義で
　　は、ハリネズミの動物仙を「刺門」と呼ぶほか、ウサギの動物仙を

10）前掲李慰祖・周星『四大門』10-11頁。
11）前掲李慰祖・周星『四大門』191-192頁。

「白門」と称している。さらに別の地域では、「四大門」として数えるには足りないところがあるようで、人々はただひとつの「常門」や「黄門」だけを信仰している。旧時の巫者、巫医、戯班の者、また娼妓の従事者が奉じていたのが「四大門」あるいは「五大仙」であった。彼らが信仰する動物仙は四種の四大門と合わせて七種にも及んでいる。加わる三種の動物仙は、ネズミ、ウワバミ、ウサギである。四大門すべての動物仙を信奉する場合もあれば、そのうちのひとつ、ふたつのみを奉ずる場合もある。まるで人のようにその姓を冠して呼ぶこともあれば、小説戯曲の人物名を当てることもある。神の像を造るときもあるが、清朝の官僚の装束を着けさせることが多い。その事績の多くは一種の仙人の話として語られる。キツネに関しては、胡仙のたぐいとして称するとき、「胡二仙姑」や「胡三太爺」という呼び方をする。イタチである黄仙などのたぐいとして称するときは、「黄少奶奶」や「黄三太」などの呼び方がある。

　これとは別に五大仙と呼ぶときは、「胡仙」「黄仙」「常仙」「柳仙」「灰仙」を指すことが多い[12]。周星氏の解説にもあったように、また「五大家」とも称される。財神の性格を持つためか、時に「五顕」とも称されるようだが、これは完全に安徽の五顕大帝との混同であり、誤った呼称であると考える。
　五大仙が具体的にどの動物を象徴するかも、少しズレがあるように思える。胡仙はキツネであり、黄仙はイタチ、白仙はハリネズミであり、灰仙はネズミであるとする。難しいのは常仙と柳仙で、こちらは両方ともヘビである。しかし、一説によれば常仙はヘビ、柳仙は大蛇あるいはウワバミであるともいう。白仙はウサギということもある。これらの比定は、地域によって大きな違いがある。「蟒仙」という称もある。

12）王輝・李書源「民間信仰中的大衆心理与官民博弈—以民国時期東北地区求仙討薬活動為例」（『華僑大学学報』哲学社会科学版 2017 年第 1 期）130-142 頁参照。

　五大仙に含まれないようだが、このほかに黒老太太がある。道観の護法神として知られ、黒媽媽とも呼ばれる。黒老太太は黒いキツネ、あるは黒いクマであるとされる。これらを総称するときは、地仙、あるいは五大仙と呼ぶべきであるかもしれない。

　これらの地仙は、シャーマンを介して霊力を行使するものとされている。東北地域では、「出馬仙」と呼ばれる儀式がいまでも行われており、特に病気を治すのに効力があるとされている[13]。

　当然ながら、これらの信仰は南方の中華系の民間信仰とはかなり性格を異にするものである。南方でも動物を仙人とすることは行われているが、斉天大聖など一部の例外を除いては、これほど高位の神仙として扱うことは珍しい。多くの研究者が指摘している通り、このような動物神信仰は北方の他民族の文化の影響であると考えられる。

　もちろん、漢民族の民間信仰も強く影響している。黄強氏は黒龍江省の村を調査し、その地域のシャーマンの奉ずる神として、胡仙や黄仙などの五大仙を紹介する[14]。そして、その体系については次のように一覧に示し、かつ解説している。

　（第1列）金童、金花教主、玉女

　（第2列）薬龍、薬王老爺、薬虎

　（第3列）黄三太的、胡三太的、胡三太的、胡三太爺、胡三太爺教
　　　　　主、胡大太爺、黄三太爺

　（第4列）胡翠平、胡翠蓮、胡翠花、胡天海、胡天彪、胡天魁、胡天
　　　　　清、胡天龍、胡天雅、胡天西、胡天虎、胡万龍、胡天錆、
　　　　　胡天黒、胡万成、胡天徳、胡金川、胡天覇、胡天豹、胡

13）海寧「我国東北地区狐仙信仰的調査研究―兼与日本狐崇拝比較」（『世界宗教文化』2019年第1期）61-67頁参照。
14）これについては、黄強「中国東北部の民間におけるシャーマニズム―黒龍江省双城地区の「大神」と呼ばれるシャーマンを中心として―」（『中部大学国際関係学部紀要』No.23、1999年）1-19頁を参照。

風、胡雷、胡雨

（第5列）黄仙峨、黄天楚、黄天華、黄天芹、黄天香、黄天橋、黄天
伏、黄天凋、黄翠藍、黄翠莱、黄彦思、黄翠、黄天覇、黄
天黒、黄彦龍、黄彦明、黄彦徳、黄天海、黄天河、黄天
江、黄天檎、黄天泊、黄天梨、黄天厨、黄天新、黄天月、
黄天五、黄龍、黄虎、黄天元

（第6列）長月帖、長元嶺、長元花、長元明、長元秀、墳仙龍、蜂仙
飛、蜂青山、蛙山腸、鼠東、企鵝仙子、鹿頼、豪明

（第7列）斉韓民、斉徳発、社淑芹、李連弟

第1列に置かれた「金花教主」は女性シャーマンの祭壇で祭られる
主神である。杜恵拝シャーマンの話によると、金花教主は太上老君
の二番目の弟子で、女性シャーマンを司るので、当地の女性シャー
マンに祭壇の首席に置かれて祭られる。当地の男性シャーマンは一
般に太上老君の一番目の弟子である「通天教主」を主神として祭る
ので、男性シャーマンの祭壇には金花教主の名前が見られない。ま
た、第1列に置かれた金童と玉女は金花教主の助手である。第2列
に置かれた「薬王老爺」は薬と治病を司る神である。当地のシャー
マンは主に人の病気を治療する役割を果たすので、薬王老爺を金花
教主に次ぐ重要な位置に置いて祭る。第3列から第7列までに配列
する神霊はいずれもシャーマンの守護霊である。この中では、第7
列の「昔風」と呼ばれる死者の霊以外は、みな動物の精霊である。
彼らの苗字から見られるように、胡、黄、長という苗字をつけた者
が大多数を占める。すでに述べたように、胡という苗字をつけた者
はキツネの霊であり、黄という苗字をつけた者はイタチの霊であり、
長という苗字をつけた者は蛇の霊である。また、墹という苗字をつ
けた者は大蛇の霊、蛙という苗字をつけた者はカエルの霊、鼠とい
う苗字をつけた者はネズミの霊、鹿という苗字をつけた者は鹿の霊、

豪という苗字をつけた者はヤマアラシの霊である。企鶴仙子はペンギンの霊である。また、注目に値するのは、これらの守護霊には「胡三太爺」という教主がいることである。彼は金花教主の下に置かれるが、実際はシャーマンにとって一番大切な神霊であるので、彼の重要性を軽視することはできない。

金花教主は、南方の金花夫人などと同じ名称であるが、これは別の神と考えてよいと思う。また『封神演義』の通天教主が重要な神と認識されていることには、注意が必要である。なぜ『封神演義』で中心となる闡教ではなく、通天教主側の截教が重視されているかというと、これは截教に動物由来の仙人が多いからであろう。それと東北地域の動物の仙人を関連づけているのだと考えられる。もっとも、他の上位の仙人には、『封神演義』の楊戩や哪吒、太上老君や南極仙翁などの名も見られる。

　つまり中華圏一般の『封神演義』に地域の民間信仰が連携する形になって発展している現象は、この東北地域でも同様であると考えられる。

　五大仙などを時に地仙と称するのは、『封神演義』などに登場する神仙、あるいは八仙などの上仙とは異なるものだとの表現であると考えられる。

4　碧海観の五大仙

　それでは実際に祭祀される五大仙について見てみたい。まず金州の碧海観である。

　先にもふれたように、碧海観はもともと胡仙廟であったが、のちに道観へと変えられたものである。そのため、現在でも殿宇の中心となるのは胡仙殿である。胡仙殿の隣には、黄仙殿と常仙殿がある。

　胡仙殿の中心になるのは、胡三太爺である。そして胡二太爺、胡大太

胡三太爺

常二太爺・常三太爺・常大太爺

爺、胡淘気が祀られている。

　胡仙はキツネの神仙であるが、その像はほぼ人間の姿で表される。胡三太爺、胡大太爺、胡二太爺の姿は、すべて老翁の姿で、ほとんど区別ができない。胡淘気はやや若い姿で造像されている。

　隣の常仙殿では、常三太爺を中心に、常二太爺、常大太爺と並んでい

黄大仙

る。常仙もヘビの神仙であるが、像は人間の姿である。

　筆者が見た限りでは、五大仙の像の多くは、清朝の男性および女性の服装を着けている場合が多い。これについては、周星氏が『四大門』で指摘している通りである[15]。

　南方の神仙などの多くが、明朝以前の装束を意識しているのに対し、著しい特色となっている。これはそもそも、五大仙や四大門の信仰が発生した時代が清朝以降であることを示すものと考える。

　ところで黄仙殿の神仙は、一般の五大仙とはやや異なるようである。まず中心になるのは黄大仙である。これについてはやや疑問がある。黄仙の中心となるのは、一般的には黄二太爺であるはずである。しかし、ここでは黄大仙を中心として、他の神々が配されている。

　すなわち、これは香港の廟などで有名な黄大仙（ウォンタイシン）を指すと考えられる。実際、中国大陸の他の廟でも、もともと関連のない

15）前掲李慰祖・周星『四大門』191-192頁。

黄大仙を祀って本尊に近い状態にすることは多く見られる。香港の黄大仙の知名度が高いため、その影響を受けたものであろう。この場合も、たまたま姓が黄であるため、結び付けやすかったのであろう。

さらに、この像の隣に祀られているのは黄天覇である。これは『施公案』に登場する有名な侠客であり、五大仙とは全く関係ない。有名な人物であり、姓が黄であることから、取り込んだものと考えられる。

ある意味、もとから関係のない神々を取り入れてしまうところなどは、融通無碍といってよいかもしれない。

5　大黒山道観の五大仙

大黒山の道観である唐王宮道院や響水観にも五大仙は祀られている。まず唐王宮道院を中心に見てみたい。

唐王宮道院の創建年代は隋唐期とされているが、実際のところは不明である[16]。現在の殿宇は2000年代以降に建て直されたもので、非常に新しい。筆者は2019年の夏に調査を行った。当時はまだ、すべての殿宇が完成していないようであった。とはいえ、三官大帝を祀る三官殿、張天師を祀る天師殿、財神を祀る財神殿、城隍神を祀る城隍殿などは、よく見かける道観の構成に近い。

これらの殿宇に混じって護法殿がある。こちらに五大仙などが祀られている。東北の道観では、護法殿に関帝ではなく、五大仙や黒老太太を祀る場合が多い。関帝は、どちらかというと趙公明などと組になって財神殿に置かれている。

唐王宮道院の護法殿には、胡仙・黄仙・常仙・蟒仙などの像が置かれている。その像の多くは、夫婦が並ぶ形になっており、たとえば胡仙で

16）唐王宮道院については、大黒山紹介サイト（http://www.dl-dhs.com/scene03.asp）の記事を参照した。

胡三太爺・胡三太奶

黄三太爺・黄仙奶

あれば、胡三太爺と胡三太奶が並ぶ形となっている。

　こちらは黄三太爺と黄仙奶の像である。黄仙奶と黄三太奶はおそらく同じ神であると考えられる。胡仙も黄仙も、やはり清朝の官服を着ている。

　常仙の像はひとつだけである。ただ、牌位を見るに、常仙太爺と常仙

常仙爺

蟒太爺・蟒太奶

太奶のふたつが存在しているように思える。護法殿はどうも改装中らし
く、まだ本来の配置にはなっていないようである。

　また響水観の五大仙についても少し述べたい。

　響水観は大黒山の北側に位置する道観であり、広大な面積を有する名

212

利である[17]。中心になるのは后土殿であり、また三清殿、財神殿、城隍殿などもある。

　これらの建物の前に護法殿とされる小祠がある。そこには、蟒仙が祀られている。

　ここでは蟒太爺・蟒太奶のみが祀られている。やはり清朝の官服を着けており、やや小ぶりの像である。蟒仙は先に述べたように、ウワバミの精である。

　　結　語

　かつて東北地方には無数ともいえる五大仙に関連する廟が存在したと考えられるが、現在ではその数を減らしている。ただ、大連金州の道観の例を見てもわかるように、道観や廟などでは、まだ多くの五大仙の祭祀が残されている。この信仰は、かつては北京や天津においても見られたようだが、現在では衰えている。また動物仙信仰は、すでに多くの指摘があるように、明らかに北方異民族の信仰の影響によるものと考えられる。今後、機会があれば現地調査に赴き、さらに理解を深めたい。

17）響水観については、「道教之音」サイトの記事を参照した。https://www.daoisms.org/article/sort022/info-2172.html

【執筆者紹介】（執筆順）

吾 妻 重 二　　　関西大学文学部教授、関西大学東西学術研究所所長

酒 井 真 道　　　関西大学文学部教授

長谷部　　剛　　　関西大学文学部教授

陶　　徳 民　　　関西大学名誉教授

中 谷 伸 生　　　関西大学名誉教授

松 浦　　章　　　関西大学名誉教授

二階堂 善 弘　　　関西大学文学部教授、関西大学 KU-ORCAS センター長

関西大学東西学術研究所研究叢書 第 13 号

東アジアの思想・芸術と文化交渉

令和 5（2023）年 3 月 15 日　発行

編 著 者　二階堂 善 弘

発 行 者　関 西 大 学 東 西 学 術 研 究 所
　　　　　〒564-8680　大阪府吹田市山手町 3-3-35

発行・印刷　株式会社 遊 文 舎
　　　　　〒532-0012　大阪府大阪市淀川区木川東 4-17-31

©2023 Yoshihiro NIKAIDO　　　　　　　　Printed in Japan

ISBN978-4-910433-36-3 C3020　　　　　落丁・乱丁はお取替えいたします。

Cultural Interactions of Thought and Arts in East Asia

Contents